Kohlhammer

Fallbuch Pädagogik

Herausgegeben von Armin Castello

Eine Übersicht aller lieferbaren und im Buchhandel angekündigten Bände der Reihe finden Sie unter:

 https://shop.kohlhammer.de/fallbuch-paedagogik

Der Autor

Anas Nashef, geb. 1973, Dr. phil., Dipl.-Psych., Studium und Promotion in Bremen; Leiter der Autismus-Therapiezentren in Bremerhaven, Debstedt (Geestland), Cuxhaven und Hagen im Bremischen; kommissarischer Leiter des Autismus-Therapiezentrums in Bremen-Mitte; Geschäftsführer bei Autismus Bremen e. V.; Lehrbeauftragter am Institut für Sonderpädagogik, Abteilung Sonderpädagogische Psychologie, an der Europa-Universität Flensburg; freiberufliche Fortbildungstätigkeit; Mitglied des Verbandsrates des Paritätischen im Land Bremen; langjährige Tätigkeit in Diagnostik, Beratung und Therapie bei Autismus-Spektrum-Störungen; Weiterbildungen und Zertifizierungen in Multifamilientherapie, mentalisierungsbasierter Therapie und Autismustherapie; Veröffentlichungen zu den Themenkomplexen Autismus-Spektrum-Störungen, Multifamilientherapie und analytische Sozialpsychologie.

Anas Nashef

Schülerinnen und Schüler mit Autismus unterstützen und begleiten

Verlag W. Kohlhammer

Dieses Werk einschließlich aller seiner Teile ist urheberrechtlich geschützt. Jede Verwendung außerhalb der engen Grenzen des Urheberrechts ist ohne Zustimmung des Verlags unzulässig und strafbar. Das gilt insbesondere für Vervielfältigungen, Übersetzungen, Mikroverfilmungen und für die Einspeicherung und Verarbeitung in elektronischen Systemen.

Die Wiedergabe von Warenbezeichnungen, Handelsnamen und sonstigen Kennzeichen in diesem Buch berechtigt nicht zu der Annahme, dass diese von jedermann frei benutzt werden dürfen. Vielmehr kann es sich auch dann um eingetragene Warenzeichen oder sonstige geschützte Kennzeichen handeln, wenn sie nicht eigens als solche gekennzeichnet sind.

Es konnten nicht alle Rechtsinhaber von Abbildungen ermittelt werden. Sollte dem Verlag gegenüber der Nachweis der Rechtsinhaberschaft geführt werden, wird das branchenübliche Honorar nachträglich gezahlt.

Dieses Werk enthält Hinweise/Links zu externen Websites Dritter, auf deren Inhalt der Verlag keinen Einfluss hat und die der Haftung der jeweiligen Seitenanbieter oder -betreiber unterliegen. Zum Zeitpunkt der Verlinkung wurden die externen Websites auf mögliche Rechtsverstöße überprüft und dabei keine Rechtsverletzung festgestellt. Ohne konkrete Hinweise auf eine solche Rechtsverletzung ist eine permanente inhaltliche Kontrolle der verlinkten Seiten nicht zumutbar. Sollten jedoch Rechtsverletzungen bekannt werden, werden die betroffenen externen Links soweit möglich unverzüglich entfernt.

1. Auflage 2025

Alle Rechte vorbehalten
© W. Kohlhammer GmbH, Stuttgart
Gesamtherstellung: W. Kohlhammer GmbH, Stuttgart

Print:
ISBN 978-3-17-043624-4

E-Book-Formate:
pdf: ISBN 978-3-17-043625-1
epub: ISBN 978-3-17-043626-8

Inhalt

Einleitung		9
1	**Autismus-SpektrumStörungen**	**13**
1.1	Ein historischer Abriss	13
1.2	Klassifikation	16
1.3	Differenzialdiagnostik und Komorbiditäten	20
1.4	Epidemiologie	23
1.5	Fachliche Vertiefung: Ätiologie autistischer Störungen	24
1.6	Fachliche Vertiefung: Therapie- und Förderansätze	25
1.7	Schulische Situation	28
2	**Grundlagen pädagogischen Handelns**	**34**
2.1	Autismus und Schule: Herausforderungen und Chancen	34
2.2	Pädagogische Diagnostik	39
2.2.1	Elterngespräch(e)	40
2.2.2	Gespräch mit dem/der Schüler*in	41
2.2.3	Austausch mit anderen Fachleuten	42
2.2.4	Verhaltensbeobachtung	43
2.2.5	Verhaltensanalyse	44
2.2.6	Ressourcenanalyse	46
2.2.7	Einschätzung der Emotionalität	48
2.2.8	Test- und Fragebogenverfahren	51
2.2.9	Hypothesenbildung	54

2.3	Interventionen und Handlungsempfehlungen	55
2.3.1	Schüler*innen-bezogene Interventionen	58
2.3.2	Interventionen bei Mitschüler*innen	63
2.3.3	Lehrkräfte-bezogene Interventionen	65
2.3.4	Elternbezogene Interventionen	67
2.3.5	Rahmenbedingungen und unterrichtsbezogene Hilfen	69
2.3.6	Nachteilsausgleich(e)	74
2.3.7	Schulbegleitung	77
3	**Fallvignetten**	**80**
3.1	Paul	81
3.1.1	Ausgangslage und Fragestellung	81
3.1.2	Informationen zum Schüler/pädagogische Diagnostik	82
3.1.3	Pädagogische Intervention	85
3.1.4	Evaluation	89
3.2	Karl	92
3.2.1	Ausgangslage und Fragestellung	92
3.2.2	Informationen zum Schüler/Pädagogische Diagnostik	93
3.2.3	Pädagogische Intervention	95
3.2.4	Evaluation	100
3.3	Berta	102
3.3.1	Ausgangslage und Fragestellung	102
3.3.2	Informationen zur Schülerin/Pädagogische Diagnostik	103
3.3.3	Pädagogische Intervention	105
3.3.4	Evaluation	111

3.4	Theo	113
3.4.1	Ausgangslage und Fragestellung	113
3.4.2	Informationen zum Schüler/Pädagogische Diagnostik	114
3.4.3	Pädagogische Intervention	116
3.4.4	Evaluation	120
4	**Abschließende Anmerkungen**	**122**
5	**Auswahl hilfreicher Ressourcen und Literatur**	**126**
5.1	Ressourcenauswahl	126
5.1.1	Interessenvertretungen	126
5.1.2	Autismus-Therapiezentren	126
5.1.3	Schulbehördliche Unterstützungsstellen	127
5.1.4	Praktische Informationen und Materialien für Lehrkräfte	127
5.2	Literaturauswahl	129
5.2.1	Einführungsliteratur	129
5.2.2	Autismus und Schule	130
5.2.3	Klassenaufklärung	132
5.2.4	Weitere Aufklärungsliteratur	133
Literaturverzeichnis		**135**

Einleitung

Autismus ist ein Thema, das in den letzten Jahren an Bedeutung gewonnen hat. Neben den insgesamt angestiegenen Prävalenzzahlen, den Fortschritten in der Forschung und der Zunahme der Diagnostik- und Förderangebote zeichnet sich ein Anstieg medialer Präsenz ab, der sich nicht nur durch dokumentarische Berichterstattungen präsentiert, sondern auch in diversen Film- und Serienproduktionen. Letztere generieren überwiegend einerseits Mehrwissen, andererseits jedoch ein nur begrenzt differenziertes Wissen, indem bestenfalls nur gewisse Facetten des Autismus einen Platz finden bzw. hervorgehoben werden. Obgleich der Beitrag der Medien zur Sensibilisierung für Autismus überaus anerkennenswert ist, trägt der öffentliche Diskurs bisweilen auch zu einem verzerrten Bild des Autismus bei. Die neue Nomenklatur eines Spektrums offenbart jedoch, dass es sich nicht um ein einziges Bild, sondern um viele Bilder des Autismus handelt. Diese Diversität geht über die bloß klassifikatorischen Kategorien der Sprachentwicklung und der Intelligenzentwicklung hinaus und sind in der schulischen, klinischen und anderweitigen Alltagspraxis evident.

Wenn wir uns trotz der vorausgegangenen Ausführung mit der gebotenen Vorsicht um eine Art gemeinsamen Nenner des Autismus bemühen, dann lässt sich en bloc postulieren, dass viele Menschen mit Autismus interaktionelle und systembezogene Herausforderungen teilen. Beim Thema »systembezogene Herausforderungen« angelangt, muss vorab daran erinnert werden, dass kein institutionelles System für die Menschen so bedeutsam und zudem so prägend ist wie die Institution Schule. Bezogen auf Menschen mit Autismus lässt sich diese Aussage wie folgt modifizieren: Das System Schule ist nicht nur für Menschen mit Autismus, sondern auch für deren Familien prägender als für die Mehrheit der anderen Schüler*innen. Dieser Umstand lässt sich kaum besser zusammenfassen als durch die Worte

Einleitung

einer Mutter eines Schülers mit Autismus: »Die Schulzeit meines Kindes habe ich als Mutter damit verbracht, mich zuhause neben dem Telefon aufzuhalten und auf den Anruf der Schule zu warten.« Das Thema Autismus im Kontext Schule zu behandeln, löst trotzdem zunächst gemischte Gefühle aus. Einerseits ermöglicht die Auseinandersetzung mit diesem Thema einen Zugewinn an Sicherheit im Umgang mit betroffenen Schüler*innen. Andererseits ist die Gefahr des Abdriftens in ein Bedienungsanweisungs-Format überaus groß. Diese Gefahr ist insofern präsent, als dass Diagnosen und deren Fokussierung die Erwartungshaltung ebenso fokussierter Lösungsstrategien mit sich bringen und beinahe automatisch Schüler*innen mit Autismus zu Objekten jener Lösungsstrategien machen. Dennoch eilen die praktischen Fallvignetten einem zu Hilfe, denn gerade diese ermöglichen eine offene, unvoreingenommene und ent-fokussierte Abhandlung jenseits eines pauschalen diagnoseimmanenten Maßnahmenkatalogs. Die Fallvignetten stellen respektive Sonderlösungen für besondere Schüler*innen dar, die sich die Klasse, die Schule und das Schulsystem insgesamt mit anderen Schüler*innen teilen, die ebenfalls auf ihre je eigene Art besonders sind.

Dessen ungeachtet muss eine Abhandlung mit definitorischen Einführungen zu verschiedenen Teilaspekten des Gegenstandes beginnen und sich somit zunächst mit übergeordneten Kategorien befassen, welche der Didaktik geschuldet sind. Naturgemäß sagen diese Einführungen jedoch nur mit Einschränkungen etwas über den Einzelfall aus. Hier kann die Auseinandersetzung und Reflexion des Einzelfalls eine wertvolle Ergänzung sein. Das erste Kapitel dieses Bandes der Reihe »Fallbuch Pädagogik« führt in Aspekte des Autismus ein und dient der Vermittlung von Basiswissen, etwa zur historischen Entwicklung des Autismuskonzepts und zu klassifikatorischen Aspekten (▶ Kap. 1). Als fachliche Vertiefung für Lehrkräfte wurden in die Einführung ebenfalls ätiologische Informationen sowie ein Überblick über die gängigen Therapieansätze aufgenommen. Da im Zentrum des vorliegenden Bandes die schulische Förderung von Schüler*innen mit Autismus steht, wird bereits in diesem ersten Kapitel die Schulsituation in Deutschland für diese Schüler*innen skizziert. Das anschließende zweite Kapitel stellt eine Vertiefung des Handlungsfelds Schule dar und umfasst sowohl die pädagogische Diagnostik als auch Handlungsmöglichkeiten (▶ Kap. 2). Im dritten Kapitel werden vier Fallvignetten nach einer einheitlichen Struktur wiedergegeben (▶ Kap. 3), wobei sich diese Vignetten nicht nur hinsichtlich Alter, Geschlecht und Diagnose unterscheiden; vielmehr zeigen diese Fälle deutlich, dass es keine allgemeingültigen und automatistischen Handlungsempfehlungen gibt und dass die (Inter-)Subjektivität des Einzelfalles die Basis jeglicher Intervention unter Beachtung zentraler Grundsätze unseres pädagogischen Handelns (▶ Kap. 4) ist.

Bremerhaven, Oktober 2024
Anas Nashef

1 Autismus-Spektrum-Störungen

1.1 Ein historischer Abriss

Der Schweizer Psychiater Eugen Bleuler (1857–1939), der eng in Verbindung mit der Schizophrenie-Forschung stand, scheint der erste Wissenschaftler zu sein, bei dem der Begriff »Autismus« Erwähnung fand (vgl. Feinstein 2010), den er als Symptom der Schizophrenie bei Erwachsenen und als »Loslösung von der Wirklichkeit zusammen mit dem relativen und absoluten Überwiegen des Binnenlebens« (Bleuler, 1911, 52) verstand. Die russische Kinder- und Jugendpsychiaterin Grunja E. Ssucharewa (1891–1981) war jedoch diejenige, die in Abgrenzung zur Schizophrenie ein klinisches Bild beschrieb, das weitgehend mit Hans Aspergers Beschreibungen übereinstimmend ist und von ihr als »schizoide Psychopathie« bezeichnet wurde (Ssucharewa, 1926). Diese Kinder teilten nach Ssucharewa das Symptom einer »autistischen Einstellung«. Ssucharewa war zudem die erste Forscherin, die Bezug auf die Schulsituation autistischer Schüler*innen nahm und die gemeinsame Beschulung mit nichtautistischen Schüler*innen als erschwerend beschrieb (vgl. Theunissen & Sagrauske, 2019, 15).

Zwei weitere Namen, die sehr eng mit Autismus verbunden sind, sind die aus Österreich stammenden Kinder- und Jugendpsychiater Leo Kanner (1896–1981) und Hans Asperger (1906–1980). 1943 veröffentlichte Kanner eine Abhandlung zum Autismus, die auf Beobachtungen von elf Kindern mit folgenden beschriebenen Auffälligkeiten fußte: Defiziten in sozialer Interaktion und Kommunikation, Stereotypien, eingeschränkten Interessen und Bestehen auf Gleichheit (Kanner, 1943). Bei diesen als »sonderbar« beschriebenen Kindern unterstrich Kanner zudem eine günstige Entwicklung vor allem dann, wenn der Spracherwerb vor dem fünften Lebensjahr erfolgt und wenn es zu keiner Institutionalisierung kommt (vgl. Theunissen & Sagrauske, 2019, 15). Auch Asperger beschrieb in den 1940er Jahren auf der Grundlage eigener Beobachtungen und Untersuchungen von Kindern im Alter von sechs bis elf Jahren ein klinisches Bild, das er mit der Bezeichnung »autistische Psychopathie« zusammenfasste (Asperger, 1944). Asperger und Kanner gingen gleichermaßen ursächlich insgesamt von einer Vererbung aus.[1]

Obgleich sowohl Asperger als auch Kanner von Autismus sprachen, beziehen sie sich auf zwei Kategorien mit deutlichen deskriptiven Unterschieden, aber auch mit Unterschieden in deren Grundverständnis des Autismus. Während Kanner Kinder beschrieb, bei denen es sich um abgekapselte von der personalen Welt handelte und welche in der Regel erheblich entwicklungsverzögert wirkten, bezog sich Asperger auf eine Gruppe mit schweren Beziehungsproblemen, stark reduzierter Affektivität und eher leichten Auffälligkeiten in puncto Kontaktaufnahme. Diese Kinder verfügten nach Asperger über eine durchschnittliche bis überdurchschnittliche Intelligenz. Eine Besonderheit des Aspergerschen Verständnisses dieser Kinder lässt sich so formulieren, dass er sie nicht ausschließlich als defizitär begriff, sondern deren Wesenszügen auch Positives abgewinnen konnte (Asperger, 1944, 135). Aspergers Befunde fanden erst durch die zusammenfassende Übersetzung seiner Arbeit durch Lorna Wing (1981) Anschluss an den wissenschaftlichen Diskurs, weshalb diese auch später als der Frühkindliche Autismus Platz in den Klassifikationssystemen fand. Während der Frühkindliche Autismus bereits in der 9. Revision der Klassifikation der Krankheiten der Weltgesundheitsorganisation, ICD-9 (1978), aufgenommen wurde, wurde das

---

1 Die Historikerin Edith Sheffer (2018) forschte zum Verhalten Hans Aspergers im Dritten Reich und kam zu kritischen Ergebnissen hinsichtlich seiner zumindest passiven Rolle, etwa bezogen auf das Transportieren von Kindern mit Behinderung in die österreichische Kinderfachabteilung »Am Spiegelgrund«, wo diese medizinischen Experimenten unterworfen und getötet wurden.

1.1 Ein historischer Abriss

Asperger-Syndrom erstmalig in der ICD-10 (WHO, 1992) klassifiziert, dort unter den »Tiefgreifenden Entwicklungsstörungen«.

Insgesamt erfuhr die Klassifikation des Autismus in den letzten Dekaden deutliche Modifikationen: Während der Autismus als kindliche Psychose in der ICD-9 (Remschmidt et al., 1977) erfasst wurde, begreift das DSM-III (Koehler & Saß, 1984) den frühkindlichen Autismus als eine massive Entwicklungsstörung. Erstmalig im DSM-III-R (Wittchen et al., 1989) wird die »Autistische Störung« als tiefgreifende Entwicklungsstörung kategorisiert, wobei sich die Kriterien an einer von Wing (vgl. Wing & Gould, 1979) vorgeschlagenen Triade orientieren. In der ICD-10 (Dilling et al., 1994) und im DSM-IV (Saß, Wittchen & Zaudig 1996) wird das Asperger-Syndrom erstmalig unter den tiefgreifenden Entwicklungsstörungen subkategorisiert. Im DSM-V (2015) und ICD-11 wird auf die Kategorienbildung verzichtet und alle Autismusformen werden dimensional unter dem Begriff der Autismus-Spektrum-Störung (ASS) zusammengefasst.

Neben den Veränderungen in der Klassifikation erfuhr ebenfalls die therapeutische Arbeit mit Kindern mit Autismus viele Weiterentwicklungen in den letzten Dekaden. Eine zentrale Rolle spielt seit den 1960er Jahren die Verhaltenstherapie, wobei diese sowohl über die Zeitspanne als auch in Abhängigkeit von der jeweiligen institutionellen Ausrichtung unterschiedliche Akzentuierungen offenbart. Breite Öffentlichkeit erfuhr die Arbeit von Lovaas, der Erfolge in der intensiven verhaltenstherapeutischen Arbeit mit 20 Kindern beschrieb (Lovaas, 1973), woraus Therapieansätze wie ABA (Applied Behavior Analysis) oder AVT (Autismusspezifische Verhaltenstherapie) entstanden sind und auch heute angewendet werden (vgl. Bernard-Opitz & Nikopoulos, 2017). Eric Schopler gehörte zu denjenigen, die dem Ansatz von Lovaas kritisch gegenüberstanden (vgl. Theunissen & Sagrauske, 2019, 21 f.). Schoplers Ausgangspunkt war die stärkere Beachtung von Stärken und Potenzialen der Kinder mit Autismus, deren Früchte in der Entwicklung des TEACCH-Programms (Treatment an Education of Autistic and Related Communication Handicapped Children) gipfelten (vgl. Mesibov et al., 2004). Auch heute spielt Schoplers Ansatz eine wichtige Rolle in der Förderung von Kindern mit Autismus, die nachgewiesenermaßen von der Strukturierung und Visualisierung ihrer Umgebung profitieren und an Sicherheit gewinnen können (Mesibov, 1997). Weitere wichtige theoretische Ansätze, die in Trainingsprogrammen für hochfunktionalen Klient*innen mündeten, bilden der Theory-of-Mind-Ansatz (Baron-Cohen et al., 1985) und der Ansatz der »schwachen zentralen Kohärenz« (Happé & Frith 2006). Eine ausführliche Skizzierung methodischer Entwicklungen findet sich bei Schwarz (2020, 39 ff.). Der Reichtum an Methoden sowie die stetige Entwicklung und Erprobung neuer therapeutischer Zugänge zeigen sich zudem deutlich in der Arbeit der Autismus-Therapiezentren bzw. Autismus-Institute, welche die regionale therapeutische Versorgung von Menschen mit Autismus verantworten (Rittmann & Rickert-Bolg, 2017).

1.2 Klassifikation

Störungen des autistischen Formenkreises sind in ICD-10 unter den »tiefgreifenden Entwicklungsstörungen« (F84) zusammengefasst, die von Geburt an vorliegenden, persistierenden Charakter haben und auf biologische Ursachen sowie »genetische Vulnerabilität« (vgl. Grabrucker & Schmeißer 2015) zurückzuführen sind. Gemeinsam für alle tiefgreifenden Entwicklungsstörungen sind sowohl in dem Klassifikationssystem als auch in verschiedenen Forschungsarbeiten Auffälligkeiten in der sozialen Interaktion, in der Kommunikation sowie Verhaltenseinschränkungen durch stereotype und repetitive Muster. Nach der ICD-10-Klassifikation handelt es sich hierbei um vor allem drei Kategorien: den Frühkindlichen Autismus, den Atypischen Autismus und das Asperger-Syndrom. Der Frühkindliche Autismus ist wohl die bekannteste autistische Kategorie und geht auf den Wiener Kinderarzt Leo Kanner zurück. Die diagnostischen Kriterien der ICD-10 (Remschmidt et al., 2006) umfassen nach Remschmidt (2006) zusammengefasst folgende Symptome:

1.2 Klassifikation

1. *Qualitative Auffälligkeiten der gegenseitigen sozialen Interaktion in mindestens zwei der folgenden Bereiche:* a. Unfähigkeit, Blickkontakt, Mimik, Körperhaltung und Gestik zur Regulation sozialer Interaktionen zu verwenden; b. Unfähigkeit, Beziehungen zu Gleichaltrigen aufzunehmen; c. Mangel an sozio-emotionaler Gegenseitigkeit; d. Mangel, spontan Freude, Interessen und Tätigkeiten mit anderen zu teilen.
2. *Qualitative Auffälligkeiten der Kommunikation in mindestens einem der folgenden Bereiche:* a. Verspätung oder vollständige Störung der Entwicklung der gesprochenen Sprache, die nicht begleitet ist durch einen Kommunikationsversuch durch Gestik oder Mimik als Alternative zur Kommunikation; b. relative Unfähigkeit, einen sprachlichen Kontakt zu beginnen oder aufrechtzuerhalten (auf dem jeweiligen Sprachniveau), bei dem es einen gegenseitigen Kommunikationsaustausch mit anderen Personen gibt; c. stereotype und repetitive Verwendung der Sprache oder idiosynkratischer Gebrauch von Worten oder Phrasen; d. Mangel an verschiedenen spontanen Als-ob-Spielen oder (bei jungen Betroffenen) sozialen Imitationsspielen.
3. *Begrenzte, repetitive und stereotype Verhaltensmuster, Interessen und Aktivitäten in mindestens einem der folgenden Bereiche:* a. umfassende Beschäftigung mit gewöhnlich mehreren stereotypen und begrenzten Interessen, die in Inhalt und Schwerpunkt abnorm sind; b. offensichtlich zwanghafte Anhänglichkeit an spezifische, nicht funktionale Handlungen oder Rituale; c. stereotype und repetitive motorische Manierismen mit Hand- und Fingerschlagen oder Vorbiegen oder komplexe Bewegungen des ganzen Körpers; d. vorherrschende Beschäftigung mit Teilobjekten oder nicht funktionalen Elementen des Spielmaterials.

Hierbei müssen insgesamt sechs der genannten Symptome vorliegen, davon mindestens zwei Symptome von 1. und mindestens je eines von 2. und 3. Auch wird dort unterstrichen, dass eine auffällige Entwicklung vor dem dritten Lebensjahr in mindestens einem der Bereiche »rezeptive und expressive Sprache«, »Entwicklung reziproker sozialer Interaktion« und »funktionales und symbolisches Spielen« vorliegen muss. Eine Abgrenzung wird in ICD-10 unter anderem in Bezug auf andere tiefgreifende Entwicklungsstörungen, eine spezifische Störung der rezeptiven Sprache, eine Bindungsstörung mit Enthemmung sowie eine Intelligenzminderung gefordert.

Die Kategorie des atypischen Autismus (ebd.) entspricht den Kriterien des frühkindlichen Autismus mit Unterschieden im Manifestationsalter (Beginn im oder nach dem dritten Lebensjahr) und/oder in der Anzahl auffälliger Bereiche (die Kriterien entsprechen denen für Autismus, abgesehen von der Zahl der gestörten Bereiche). Nach Remschmidt et al. »findet sich [der atypische Autismus] am häufigsten bei schwerst intelligenzgeminderten Personen, deren sehr niedriges Funktionsniveau kaum spezifisch abweichendes Verhalten zulässt« (2006, 25).

Neben dem frühkindlichen Autismus ist das Asperger-Syndrom seit der Aufnahme in die Klassifikationssysteme ICD-10 und DSM-IV die medial und im wissenschaftlichen Diskurs bekannteste tiefgreifende Entwicklungsstörung, die sich als eine autistische Störung mit einer dimensional höheren kognitiven und anderen Funktionsweisen sowie altersgemäß entwickelter Sprache definieren lässt. Das Störungsbild ist durch qualitative Beeinträchtigungen der gegenseitigen sozialen Interaktion (entsprechend den Kriterien für den Frühkindlichen Autismus) und ein ungewöhnlich intensives umschriebenes Interesse oder begrenzte, repetitive und stereotype Verhaltensmuster, Interessen und Aktivitäten gekennzeichnet (Remschmidt, 2006). In verschiedenen Forschungsarbeiten werden die Beeinträchtigungen in der sozialen Interaktion (Gillberg, 1991, 2002, Szatmari et al., 1989, Klein et al. 2005), in der Kommunikation (ebd.) sowie durch stereotype Verhaltensmuster und Interessen (Gillberg 1991, 2002, Klein et al., 2005) beim Asperger-Syndrom beschrieben. In ICD-10 werden differenzialdiagnostisch neben anderen tiefgreifenden Entwicklungsstörungen folgende Störungen genannt: schizotype Störung, Schizophrenia simplex, reaktive Bindungsstörung des Kindesalters oder eine Bindungsstörung mit Enthemmung, zwanghafte Persönlichkeitsstörung und Zwangsstörung.

1.2 Klassifikation

Im Zuge des Weggangs vom kategorialen Verständnis des autistischen Phänotyps wird im DSM-V (APA, 2015) auf die verschiedenen Kategorien wie das Asperger-Syndrom, den Frühkindlichen Autismus etc. verzichtet und alle Autismusformen werden als Autismus-Spektrum-Störungen (ASS) zusammengefasst. Faktorenanalytisch begründet wurde die autistische Triade in eine Dyade eingeführt, die nun aus Domäne A (Defizite in der sozialen Interaktion und der Kommunikation) und Domäne B (repetitive Verhaltensweisen und Interessen) besteht (siehe Kasten). Alternativ zu der kategorialen Klassifizierung wird im DSM-V Bezug auf den Ausprägungsgrad der Symptome genommen.

> **Zusammenfassung der Domänen A bis D der ASS nach DSM-V**
>
> A. Persistierende Defizite in sozialer Interaktion und Kommunikation über verschiedene Kontexte hinweg in allen folgenden drei Bereichen:
>   a. Defizite in der sozial-emotionalen Reziprozität
>   b. Defizite in der nonverbalen Kommunikation
>   c. Schwierigkeiten bei der Entwicklung und Aufrechterhaltung von Beziehungen
> B. Begrenzte, repetitive und stereotype Verhaltensmuster, Interessen und Aktivitäten in mindestens zwei der folgenden Kategorien:
>   a. Stereotype und repetitive Sprache
>   b. Exzessives Festhalten an Routinen und Ritualen
>   c. Beschäftigung mit restriktiven und begrenzten Interessen
>   d. Hyper- oder Hyporeaktivität hinsichtlich sensorischer Reize
> C. Die Auffälligkeiten müssen in der frühen Kindheit beginnen, die volle Ausprägung ist jedoch nicht notwendig.
> D. Die Auffälligkeiten müssen den normalen Alltag einschränken und beeinträchtigen

1 Autismus-SpektrumStörungen

Laut Bundesinstitut für Arzneimittel und Medizinprodukte (BfArM) soll die am 01.01.2022 in Kraft getretene ICD-11 in Deutschland nach einer Übergangsphase von mehreren Jahren eingeführt werden. Eine Printversion der ICD-11 ist noch nicht veröffentlicht worden. Autismus-Spektrum-Störungen werden in der ICD-11 unter den »neuronalen Entwicklungsstörungen« klassifiziert und als 6 A02 kodiert mit Kodierungsbezug auf die Intelligenz- und Sprachentwicklung (z. B. 6 A02.0: Autismus-Spektrum-Störung ohne Störung der intellektuellen Entwicklung und ohne Beeinträchtigung der funktionalen Sprache; 6 A02.1: Autismus-Spektrum-Störung mit Störung der intellektuellen Entwicklung und ohne Beeinträchtigung der funktionalen Sprache). Folgende Störungen werden neben dem Autismus unter den »neuronalen Entwicklungsstörungen klassifiziert: Störungen der Intelligenzentwicklung, Störungen der Sprech- und Sprachentwicklung, Entwicklungsstörungen des Lernens, Entwicklungsstörungen der motorischen Koordination, Aufmerksamkeitsdefizit- und Hyperaktivitätsstörung (ADHS), stereotype Bewegungsstörung.

1.3 Differenzialdiagnostik und Komorbiditäten

Zwei zentrale Begriffe im Rahmen der Klassifikation/Diagnostik autistischer Störungen sind die der Differenzialdiagnostik und der Komorbiditäten. Diese bilden zwar keinen Schwerpunkt der vorliegenden Abhandlung, sollen jedoch aufgrund ihrer besonderen Bedeutung, auch im Zusammenhang mit der Interventionsindikation und -planung, komprimiert besprochen werden.

Die Differenzialdiagnostik beschreibt die Abgrenzung von anderen – vor allem psychischen – Störungen und ist ein integraler Bestandteil jedweder Diagnostik. Diese ist insofern unverzichtbar, als dass eine festgestellte Diagnose die bestmögliche Abbildung bzw.

1.3 Differenzialdiagnostik und Komorbiditäten

Exemplifikation des Symptomkomplexes unter Berücksichtigung biografischer und anamnestischer Daten sowie unter Einsatz geeigneter diagnostischer Instrumente gewährleisten muss. Sowohl falsch negative als auch falsch positive Diagnosen führen zu keinen oder zu falschen Interventionen, die dann mit einer Verfestigung der Symptomatik bzw. einer Pathologisierung und Fokussierung des Kindes bei fehlender Indikation einhergehen.

Indes beschreiben Komorbiditäten zusätzlich vorliegende, sekundäre Störungsbilder, die neben der Hauptdiagnose stehen und einen zusätzlichen bzw. einen anderen nicht rein akkumulierten Einfluss auf das Verhalten und Erleben des Kindes haben. Komorbide Störungen bilden eher die Regel als die Ausnahme bei Menschen mit Autismus und treten eminent oft bei diesen auf. Simonoff et al. (2008) kommen zum Ergebnis, dass 70 % der betroffenen Kinder im Alter von zehn bis 14 Jahren mindestens eine zusätzliche Störung aufweisen. Hohe Prävalenzraten zeigen sich hierbei für das komorbide Auftreten von Angststörungen, oppositioneller Sozialverhaltensstörungen sowie Aktivitäts- und Aufmerksamkeitsstörungen (ebd.). Eine Metaanalyse (Lai et al., 2019) bestätigt die deutlich hohen Prävalenzen psychischer Erkrankungen bei Menschen mit ASS im Vergleich zur Allgemeinbevölkerung und ermittelt Prävalenzzahlen von 28 % für ADHS, 20 % für Angststörungen, 13 % für Schlafstörungen, 12 % für disruptive Impulskontroll- und Sozialverhaltensstörungen, 11 % für depressive Störungen, 9 % für Zwangsstörungen, 5 % für bipolare Störungen und 4 % für Psychoseerkrankungen. Ein weiterer Befund dieser Übersichtsarbeit offenbart einen altersabhängigen Prävalenzanstieg für depressive, bipolare und psychotische Störungen.

Kognitive Beeinträchtigungen liegen nach Lai et al. (2014) bei mehr als der Hälfte der Kinder und Jugendlichen mit ASS vor. Diese Ergebnisse ähneln den von Amiett et al. (2008) berichteten Prävalenzen und überschreiten die in jüngster Zeit veröffentlichten Zahlen, die von etwa einem Drittel der Menschen mit ASS ausgehen (Zeidan, 2022). Aus verschiedenen Gründen müssen jedoch Aussagen über das Intelligenzniveau von Menschen mit Autismus unter Vorbehalt betrachtet werden. Neben den kategorialen Unterschieden, etwa in

Abhängigkeit davon, ob es sich bei der jeweiligen Stichprobe um Menschen mit hoch- oder niedrigfunktionalen Autismusformen handelt, gestalten sich die Motivation und die Leistungs- bzw. Kooperationsbereitschaft in der Testsituation nicht selten als reduziert. Die Befunde von Billeiter und Froiland (2022) liefern eine Bestätigung dieses in der klinischen Praxis gewonnenen Eindrucks, indem sich die durchschnittliche Streuung der Ergebnisse der Intelligenztestung bei Menschen mit ASS deutlich höher als in der Kontrollgruppe darstellt.

Die Beurteilung der Auftretenshäufigkeit aggressiver Verhaltensweisen bei Kindern mit ASS gestaltet sich ebenfalls nicht leicht – denn die Forschung scheint sich weniger mit der Frage der Häufigkeit und mehr mit der – ebenfalls sinnvollen – Frage des Wann-Auftretens und der Risikofaktoren zu befassen. So berichten Dominick et al. (2007) von einer erhöhten Häufigkeit aggressiven Verhaltens bei Kindern mit Autismus bei niedrigem IQ und einer Beeinträchtigung der expressiven Sprache. Xue et al. (2008) sehen einen Zusammenhang mit zusätzlich vorliegenden affektiven Störungen. Eine Studie mit 1380 Kindern und Jugendlichen im Alter von vier bis 17 Jahren mit einer Variation von intellektuellen Fähigkeiten (Kanne & Mazurek, 2011) kommt zum folgenden Ergebnis: 68,1 % der Kinder zeigten in der Vergangenheit irgendeine Form aggressiven Verhaltens (von milden bis hin zu schwerwiegenden Formen) gegenüber ihren Bezugspersonen. Hierbei wurden keine signifikanten Geschlechtsunterschiede und keine Unterschiede in Abhängigkeit von den intellektuellen Fähigkeiten ersichtlich. Hinsichtlich der Suizidalität wird vor allem bei Menschen mit diagnostiziertem Asperger-Syndrom und komorbider Depression ab dem späten Jugendalter von einer erhöhten Auftretenswahrscheinlichkeit berichtet (Ghaziuddin & Greden, 1998). Dass Jugendliche und junge Erwachsene mit Autismus ein erhöhtes Risiko für Suizidversuche haben, schlussfolgern ebenfalls Chen et al. (2017), basierend auf den Ergebnissen ihrer durchgeführten großen Studie. Erschwerend hinsichtlich der Beurteilung der Häufigkeit von Suizid/Suizidversuchen ist die Frage, ob die erhöhten Raten suizidalen Verhaltens mit einer vorliegenden ASS oder mit einer sekundären Depression als assoziiert zu betrachten sind.

1.4 Epidemiologie

In den letzten Jahren und Jahrzehnten zeichnete sich ein deutlicher Anstieg der Prävalenzraten autistischer Störungen ab (vgl. Zeidan et al., 2022, Elsabbagh et al., 2012), der im Zusammenhang mit verschiedenen Faktoren diskutiert werden kann, wie

- der veränderten Klassifikation und der Abhängigkeit von den verwendeten diagnostischen Kriterien (z. B. ICD-10, DSM-IV),
- den Fortschritten in der Entwicklung diagnostischer Instrumentarien,
- der Zunahme der Diagnostikmöglichkeiten und -stellen,
- den insgesamt methodischen Unterschieden bzw. Schwächen der einzelnen Studien (Stichprobengröße, verwendete Informationsquellen etc.),
- der vergleichsweise neuen Aufnahme des Asperger-Syndroms in die Klassifikationssysteme ICD-10 (1991) und DSM-IV (1994), wodurch sich der Anstieg insgesamt durch die Zunahme der Diagnosen bei hochfunktionalen Autismusformen teilerklären lässt (Hertz-Picciotto & Delwiche, 2009),
- der Zunahme des medialen Interesses und des Bekanntheitsgrades sowie
- der Zunahme des Bewusstseins für autistische Störungen in Fachkreisen (vgl. King & Baer, 2009).

Während alte Prävalenzraten von etwa 5/10.000 (z. B. Fombonne & Du Mazaubrun, 1992) ausgingen, haben sich in den letzten Jahren Prävalenzraten von 1 % oder sogar mehr (Idring et al., 2012; CDC, 2014) etabliert. Damit übereinstimmend ergeben sich für Europa Prävalenzraten zwischen 30/10.000 und 116/10.000 (Elsabbagh et al., 2012). Dennoch wird von einer Konsolidierung der Prävalenzzahlen mit der Einführung der ICD-11 und mit dem damit einhergehenden Wegfall der diagnostischen Kategorie »Atypischer Autismus« ausgegangen (Freitag, 2021).

Das Geschlechterverhältnis ist zwar seit vielen Jahren zugunsten von Jungen (Baird et al., 2006; Mattila et al., 2011), dieser Umstand wurde aber in den letzten Jahren kritisch diskutiert. Hierbei werden die besseren Anpassungspotenziale sowie die männlich orientierten diagnostischen Kriterien thematisiert (Dworzynski, Ronald, Bolton & Happe, 2012).

1.5 Fachliche Vertiefung: Ätiologie autistischer Störungen

Obgleich die Ätiologie von ASS in der Forschung intensiv untersucht wird, liegt gegenwärtig keine allumfassende und die Varianz zu 100 % erklärende Ursache vor. Vielmehr besteht Einigkeit hinsichtlich der multifaktoriellen bzw. heterogenen Pathogenese des Autismus. Ebenfalls kann bezüglich der biologischen Bedingtheit von ASS von einem Konsens ausgegangen werden. Hierbei spielt Genetik eine zentrale Rolle und wird durch verschiedene Befunde belegt. So liegt eine hohe Wahrscheinlichkeit vor, dass das Geschwisterkind eines Kindes mit Autismus ebenfalls die Kriterien für Autismus erfüllt. Die Wahrscheinlichkeit beträgt nach Risch et al. (2014) zwischen 3 % und 19 %. Diese Ergebnisse decken sich mit den Befunden von Carter und Scherer (2013), die eine Wahrscheinlich zwischen 10 % und 20 % postulieren. Insgesamt ist die Heritabiltät bei ASS hoch und liegt bei bis 80 % (z. B. Frazier et al. 2014, Sandin et al. 2012). Weitere genetische Faktoren beziehen sich auf monogene Erkrankungen, Mikrodeletionen und -duplikationen sowie chromosomale Veränderungen (AWMF, 2016).

Neben den unterschiedlichen genetischen Faktoren spielen biologisch bedingte Faktoren während der Schwangerschaft sowie demografische Faktoren wie das Alter der Eltern bei der Geburt eine belegte ätiologische Rolle in der Entwicklung von Autismus-Spektrum-Störungen. Zu den Faktoren während der Schwangerschaft gehören die Rötelninfektion während der Schwangerschaft (Chess et al. 1978) sowie die Einnahme von Antileptika (Christensen et al., 2013). Des Weiteren belegen mehrere Befunde, dass ältere Väter bzw. ältere Mütter mit einem erhöhten Risiko der Geburt eines Kindes mit ASS einhergehen (Hultman et al., 2011, Sandin et al., 2012).

In einer jüngst erschienen Studie wird anhand einer quantitativen molekularen Phönotypisierung postmortal bei 67% der Betroffenen ein ähnliches molekulares Muster herausgefunden (Gandal et al., 2022). So ließ sich feststellen, dass bei Menschen mit Autismus mehr Gene aktiv bei mit der Immunabwehr assoziierten Zellen sind, wohingegen sich eine geringere Genaktivität im Kontext Informationsverarbeitung und Weiterleitung offenbart.

1.6 Fachliche Vertiefung: Therapie- und Förderansätze

Wie bei Menschen ohne Autismus präsentiert sich naturgemäß und trotz geteilter diagnostischer Kriterien auch das Bild bei Menschen mit Autismus als überaus divers; diese bilden ein Spektrum von Fähigkeiten, persönlichen Traits, Ressourcen, Schwächen etc. ab. Ungeachtet der auslaufenden kategorialen Klassifikation offenbaren Menschen mit Autismus zudem diagnostische Unterschiede hinsichtlich der intellektuellen Fähigkeiten, der sprachlichen Entwicklung sowie etwaig vorliegender Komorbiditäten. Die therapeutische Unterstützung kann darüber hinaus in unterschiedlichen Entwicklungs- und Altersphasen erfolgen. Weitere demografische Differenzen beziehen sich auf das Geschlecht der sich in Therapie befindlichen Klient*innen. Auch die Systeme, in denen diese Kinder aufwachsen, und die Unterstützung des nahen familiären sowie des institutionellen Umfelds gestalten sich gewiss nicht identisch.

ial lassen sich hierbei lern-
1 Autismus-SpektrumStörungen

Diese Vielfalt sowie der Facettenreichtum finden sich ebenfalls in den Therapie- und Föderansätzen von Menschen mit Autismus wieder. Faktoren wie die therapeutische Ausrichtung sowie Akzentuierung, Formate, Settings dieser Ansätze offenbaren eine besonders große Mannigfaltigkeit, sodass eine umfassende Darstellung kaum zu realisieren ist. Unter anderem lassen sich komprimiert direktive bzw. nondirektive, mono- bzw. multimodale, umfangsübliche bzw. ganztägige, manualisierte bzw. nicht manualisierte (und insgesamt in der Adhärenz divergierende), einzel- bzw. gruppentherapeutische Ansätze usw. angeben.

Fern vom Anspruch auf Vollständigkeit lassen sich hierbei lerntheoretische Interventionen wie multimodale Verhaltenstherapie-Formen (Rittmann, 2017), Applied Behavior Analysis (ABA) (vgl. Baer at el., 1968, Lovaas, 2003) und autismusspezifische Verhaltenstherapie (AVT) (vgl. Bernhard-Opitz, 2009) nennen. Weitere Struktur- und Kommunikationsansätze umfassen das TEACCH-Modell (»Treatment and Education of Autistic and related Communication handicapped Children«) (vgl. Häußler, 2000, 2016) sowie Methoden der Unterstützten Kommunikation wie den Einsatz der Gebärdensprache oder von PECS (Picture Exchange Communication System) (Bach, 2006, Frost & Bondy, 2011). Als beziehungsorientierte und in der Regel nondirektive Ansätze können folgende Methoden erfasst werden: Early Start Denver Model (ESDM) (Rogers & Dawson, 2014), Mifne (Alonim, 2004, Nimar & Alonim, 2006, Nashef, 2009), Relationship Development Intervention (RDI) (Gutstein, 2002), Differentielle Beziehungstherapie (DBT) (Janetzke, 1991), DIR-Floortime (Greenspan & Wieder, 2001, Janert, 2020), Marte-Meo (Aarts, 2013, Baeriswyl-Rouiller, 2014, Andiel-Herche & Lamaye, 2020) und die Aufmerksamkeits-Interaktions-Therapie (AIT) (Hartmann, 2011). Ergänzend werden systemische Therapieansätze angewendet (Teriete, 2020, Lamaye, 2020). Vielversprechend zeigt sich zudem die Multifamilientherapie mit Familien mit Kindern und Jugendlichen mit hochfunktionalen Autismusformen (Nashef, 2015, Nashef & Mohr, 2017, Nashef, 2023).

1.6 Fachliche Vertiefung: Therapie- und Förderansätze

In den letzten zehn Jahren erschienen zudem zahlreiche Manuale für die therapeutische Arbeit mit betroffenen Kindern, Jugendlichen und Erwachsenen sowie mit Familien von Kindern mit ASS, welche in erster Linie auf lerntheoretischen Prinzipien beruhen. Als Elterntrainings können exemplarisch das Elterntraining zur Anbahnung sozialer Kommunikation bei Kindern mit Autismus-Spektrum-Störungen (T-ASK) (Fröhlich et al., 2013) für Eltern von Kindern im Alter von drei bis sechs Jahren sowie das Freiburger Elterntraining für Eltern von Kindern mit Autismus-Spektrum-Störungen (FETASS) (Brehm et al., 2015) für Eltern von Kindern im Alter von fünf bis 13 Jahren genannt werden. Weitere Manuale für die Therapie Betroffener sind z.B. das Frankfurter Frühinterventionsprogramm für Kinder mit Autismus-Spektrum-Störungen (A-FFIP) (Teufel et al., 2017), das Theory-of-Mind-Training bei Autismus-Spektrum-Störungen (TOMTASS) (Paschke-Müller et al., 2013), Asperger-Autismus und hochfunktionaler Autismus bei Erwachsenen: das Therapiemanual der Freiburger Autismus-Studiengruppe (Ebert et al., 2013), Hochfunktionaler Autismus bei Erwachsenen: ein kognitiv-verhaltenstherapeutisches Manual (Dziobek & Stoll, 2019).

Eine weitere Behandlungsmöglichkeit bezieht sich abschließend auf die psychopharmakologische Therapie bei Kindern und Jugendlichen mit Autismus. Hier muss jedoch unterstrichen werden, dass es sich hierbei in der Regel nicht um die Behandlung der Kernsymptome handelt, sondern um die häufig auftretenden Begleiterscheinungen und Komorbiditäten, wobei ein sorgsames Abwägen jeder diesbezüglichen Entscheidung vorausgehen muss. Für die Behandlung komorbider depressiver Störungen werden in der Regel selektive Serotonin-Wiederaufnahme-Hemmer (SSRI) und andere Antidepressiva verschrieben. Atypische Neuroleptika wie Resperidon werden vor allem bei externalisierenden Verhaltensweisen angewendet. Die häufig komorbid auftretende Hyperaktivität bei Kindern mit ASS kann mit den weitverbreiteten Stimulanzien behandelt werden. Eine Alternative für Methyphenidatpräparate bieten Atomoxitin oder das seit 2015 zugelassene Guanfacin. Gut untersucht ist schließlich die

Wirksamkeit von Melatonin bei Menschen mit ASS für die Behandlung von Schlafstörungen (z.B. Andersen et al., 2008).

1.7 Schulische Situation

Die rechtlichen Grundlagen des Schulbesuchs von Kindern und Jugendlichen mit ASS umfassen mehrere Ebenen bzw. entspringen mehreren Quellen. Dazu gehören das Grundgesetz, die Gesetze und Erlasse der einzelnen Bundesländer sowie die Beschlüsse (Empfehlungen) der Konferenz der Kultusminister*innen der Länder (KMK).

Eine weitere Grundlage bieten die in Deutschland 2009 ratifizierte UN-Behindertenrechtskonvention (UN-BRK) und der darin enthaltene Artikel 24, der Stellung zur Beschulung von Kindern und Jugendlichen mit Behinderung bezieht. Dort verpflichten sich die Mitgliedstaaten dazu, »ein integratives[2] [inklusives] Bildungssystem auf allen Ebenen und lebenslanges Lernen« zu gewährleisten (§ 1). Laut § 2 im selben Artikel muss darüber hinaus sichergestellt werden, dass Menschen nicht wegen einer Behinderung vom allgemeinen Bildungssystem ausgeschlossen werden dürfen. Dies bedeutet, dass alle Schüler*innen mit und ohne Behinderung Anspruch auf den Zugang zu einer »inklusiven, hochwertigen und unentgeltlichen«

---

2 Dies ist eine höchst problematische deutsche Übersetzung der englischen Fassung. Dort ist die Rede von »inclusive education«. Hierbei geht es nicht um das bloße Vertauschen von Begrifflichkeiten. Vielmehr vermitteln beide Begriffe unterschiedliche Verständnisse eines Systems. So bezieht sich die Integration auf eine Anpassungsleistung eines Menschen mit Behinderung, während sich die Inklusion auf Schüler*innen mit und ohne Behinderung bezieht und diese nicht in bereits angepasste (integrierte) und noch anzupassende (zu integrierende) Schüler*innen aufteilt. Ungeachtet dessen und trotz dieser Übersetzung sowie trotz weiterhin bestehender Verständnisdivergenten eines Begriffes hat sich der Begriff Inklusion im Schulalltag eingebürgert.

1.7 Schulische Situation

(ebd.) Schulbildung erhalten müssen. Darüber hinaus muss auch den Schüler*innen mit Behinderung im Sinne der gesellschaftlichen Teilhabe ermöglicht werden, soziale und lebenspraktische Fähigkeiten zu erlernen (UN-BRK, Art. 24 § 3). Der § 4 unterstreicht die Notwendigkeit, Lehrkräfte entsprechend auszubilden und für den Einsatz spezieller Unterstützungsformen zu schulen.

Im Anschluss an die deutsche Ratifizierung der UN-BRK wurden die Empfehlungen der KMK 2011 entsprechend angepasst und beschlossen: »Inklusive Bildung von Kindern und Jugendlichen mit Behinderungen in Schulen« (KMK, 20.10.2011). Dieser Beschluss ergänzt frühere Empfehlungen zu den einzelnen Schwerpunkten sonderpädagogischer Förderung wie die Empfehlung zur Beschulung autistischer Kinder von 2000: »Empfehlungen zu Erziehung und Unterricht von Kindern und Jugendlichen mit autistischem Verhalten« (KMK, 16.06.2000). Frühere Empfehlungen der einzelnen Schwerpunkte gelten jedoch weiter – soweit diese nicht im Widerspruch zum Beschluss von 2011 stehen.

Angesichts der Zuständigkeit der einzelnen Bundesländer für die Bildung legen die Beschlüsse der KMK keine konkreten Maßnahmen fest, sondern stellen einen gemeinsamen Nenner dar, der in die Schulgesetze und in die autonome Handhabe der einzelnen Bundesländer Eingang findet. Dennoch werden in der KMK aus dem Jahr 2000 unterschiedliche Aussagen über die Unterrichtssituation und die Unterrichtung von Schüler*innen mit Autismus gemacht, beispielsweise die folgenden:

- für Schüler*innen mit Autismus gibt es keine eigene Schulart,
- die Wichtigkeit von vertrauten Bezugspersonen, festen Gruppen und klaren Strukturen,
- die Wichtigkeit der räumlichen Ausstattung, indem die Schüler*innen die Möglichkeit haben, sich in reizarme Bereiche zurückzuziehen,
- die individuelle Orientierung und Anpassung bezüglich des Lerntempos, des Umfangs des Lernstoffs, der Unterrichtsmethoden sowie des Einsatzes von Materialien,

- »mündliche, schriftliche und praktische Aufgaben können wechselseitig ersetzt, die Bearbeitungszeit kann verlängert werden« und
- »unterschiedliche Formen der unterstützenden Kommunikation können notwendig werden.«

Da Schule »Ländersache« ist, werden sowohl diese Empfehlungen als auch die Inklusion insgesamt unterschiedlich umgesetzt. Allein die schulbehördliche Nomenklatur der Institutionen und Funktionsträger*innen differieren naturgemäß in den einzelnen Bundesländern. So wird die Unterstützung im Land Bremen durch die »Regionalen Beratungs- und Unterstützungszentren« (ReBUZ) gewährleistet. An Schulen im Bundesland Bremen wurden zudem Zentren für unterstützende Pädagogik (ZuP) eingerichtet. Diese Zentren bilden einen natürlichen Bestandteil jeder Schule und sind für den gesamten Bereich der unterstützenden Pädagogik zuständig. Zu den Nachteilsausgleichen im Land Bremen liegt überdies eine »Handreichung zur Anwendung von Nachteilsausgleichen« der Senatorin für Kinder und Bildung (2017) vor. Die Ansprechpartner in Niedersachsen sind die »Regionalen Landesämter für Schule und Bildung« (RLSB). Auf dem Bildungsportal Niedersachsen befinden sich zudem Empfehlungen zur Beschulung von Schüler*innen mit Autismus (z.B. mögliche Nachteilsausgleiche). In bestimmten Regionen in Niedersachsen wird außerdem die Poolinglösung für die Schulbegleitung von Schüler*innen (mit Autismus) praktiziert. Die Unterstützung der Hamburger Schulbehörde ist in 13 »Regionale Bildungs- und Beratungszentren« (ReBBZ) aufgeteilt. Auch in Hamburg gibt es eine eigene »Handreichung Nachteilsausgleich« (2013) der Behörde für Schule und Berufsbildung der Freien und Hansestadt Hamburg sowie eine neuere »Handreichung Inklusive Bildung und sonderpädagogische Förderung« (2019). Schleswig-Holstein geht einen eigenen Weg und gründete im Schuljahr 2020/21 ein »Landesförderzentrum Autistisches Verhalten« (LFZ-AV), um die inklusive Bildung im Land weiterzuentwickeln und die Teilhabe von Schüler*innen mit Autismus durch Beratungs- und Qualifizierungsangebote für alle Schulformen, die

1.7 Schulische Situation

Durchführung von sonderpädagogischen Feststellungsgutachten, die Umsetzung von Nachteilsausgleichen etc. zu gewährleisten. In Bayern wird die Unterstützung durch die Mobilen Sonderpädagogischen Dienste (MSD) gewährleistet; darunter ist auch ein MSD mit dem Schwerpunkt Autismus. In Baden-Württemberg sind über das gesamte Land regionale Autismusbeauftragte verteilt, die ebenfalls für alle Schulformen zuständig sind.

Einhergehend mit der Divergenz der Maßnahmen in den einzelnen Bundesländern gestalten sich Untersuchungen zur schulischen Situation auf Landesebene sowohl schwierig als auch mit Unterschieden im Outcome. Länderübergreifend kommt Demes (2011) in einer Untersuchung in allen Schulformen zum Ergebnis, dass mehr als 10 % der Schüler*innen mit einem vorliegenden Asperger-Syndrom nicht passend zu ihren kognitiven Fähigkeiten beschult werden und erhebliche Fortbildungsbedarfe der Lehrkräfte bestehen. Die Wichtigkeit von Beratung, Aufklärung und Weiterbildung bei Schüler*innen mit ASS wird ebenfalls von Knorr (2012) in seiner Dissertationsarbeit unterstrichen. Darüber hinaus thematisiert Knorr weitere Bereiche wie den Umgang mit der Diagnose Autismus sowie die Anerkennung der Diagnose. Aus der Betroffenensicht wurde im Rahmen eines nicht repräsentativen multifamilientherapeutischen Projektes herausgearbeitet, wie sich eine »Traumschule« für Schüler*innen mit Autismus gestaltet (Nashef, 2015). Hier wurden folgende Faktoren einer Traumschule genannt: qualifiziertes Personal, Verständnis für die Schüler*innen, ihre Sorgen und Anliegen, Verfügbarkeit von Rückzugsräumen, individuelle Zeugnisse, zu bewältigende Hausaufgaben, klare Strukturen und die Verfügbarkeit einer Vertrauensperson.

Zu ernüchternden Ergebnissen kommt eine nicht repräsentative Elternbefragung, an der 621 Eltern teilnahmen (Czerwebka, 2017). So besucht ein Drittel der Kinder eine Förderschule, ein Drittel der Kinder mit einer sonderpädagogischen Unterstützung wird der Bereich der emotionalen und sozialen Entwicklung zugeordnet, etwa 21 % wurden aus verschiedenen Gründen bereits vom Unterricht ausgeschlossen und lediglich ein Drittel erhält einen Nachteilsausgleich.

Hinsichtlich der Umsetzung des Art. 24 der UN-BRK in Deutschland kommen Steinmetz et al. (2021) zu alarmierenden Ergebnissen. Für ihre Studie leiteten sie aus Art. 24 vier zentrale Anforderungen der inklusiven Beschulung ab und untersuchten ihre Umsetzung in den Bundesländern. Mit Ausnahme der Bundesländer Bremen, Hamburg und Schleswig-Holstein werden diese Anforderungen auch nach mehr als zehn Jahren nach der Ratifizierung der UN-BRK kaum erfüllt. Lediglich hinsichtlich der Anforderung »Verfügbarkeit inklusiver Bildung« schneiden fast alle Bundesländer gut ab. Einen »diskriminierungsfreien Zugang zu inklusiven Schulen« erfüllen den Autor*innen zufolge nur Bremen und Hamburg. In vielen Bundesländern besteht kein klarer Vorrang für die gemeinsame Beschulung aller Schüler*innen. Die strukturelle Transformation des Schulsystems ist lediglich in vier Bundesländern erfolgt: Bremen, Schleswig-Holstein, Mecklenburg-Vorpommern und Niedersachsen. In den meisten Bundesländern ist dagegen ein Festhalten an Sonderstrukturen zu beobachten. Abschließend wird unterstrichen, dass in vielen Bundesländern unterschiedliche Ressourcen für einen gemeinsamen Unterricht fehlen. Ähnlich gestalten sich weitere neue Befunde (Klemm, 2022) zum Inklusionsstand an deutschen Schulen bezogen auf das Schuljahr 2020/21 mit einem Gesamtinklusionsanteil[3] von 44,48 %[4], wobei erhebliche Diskrepanzen zwischen den einzelnen Bundesländern bestehen; so ist der höchste Inklusionsanteil mit 91,11 % im Bundesland Bremen und der niedrigste mit 31,79 % in Rheinland-Pfalz. Darüber hinaus hat sich die Exklusionsquote[5] in Deutschland zwischen den Schuljahren 2008/09 und 2020/21 laut der

---

3 Der Inklusionsanteil gibt den Anteil der inklusiv unterrichteten Schüler*innen mit Förderbedarf von allen Schüler*innen mit Förderbedarf an.
4 Dieser Durchschnitt wurde aufgrund der unterschiedlichen Erfassung ohne die Werte des Saarlands berechnet.
5 Die Exklusionsquote bezeichnet den Anteil der Schüler*innen mit Förderbedarf, die in Förderschulen unterrichtet werden, von allen Schüler*innen mit Schulpflicht. Die KMK verwendet dafür den Begriff »Förderschulbesuchsquote«.

Studie von 4,8 % zu 4,28 % entwickelt. Auffallend und zugleich alarmierend ist bei alledem der Umstand, dass diese Quote in einzelnen Bundesländern seit der Erhebung im Jahr 2008/09 zugenommen hat.

2 Grundlagen pädagogischen Handelns

2.1 Autismus und Schule: Herausforderungen und Chancen

Wie im vorausgegangenen Kapitel ersichtlich wurde, stellt die Schul- und Inklusionssituation per se auf der Basis unterschiedlicher gesetzlicher Grundlagen und Entwicklungen eine Herausforderung und zugleich eine Chance dar. In ähnlicher Weise lässt sich die Situation begreifen, wenn die Rede vom konkreten pädagogischen Handeln und somit von Interventionen bzw. Präventionen ist. Die Herausforderung des pädagogischen Handelns entspringt hierbei den zwei zentralen Zielfaktoren der Intervention: der Schule und dem/der betroffenen Schüler*in selbst. Während die jeweilige Schule über eigene Regeln und Akteure, über ein eigenes Selbstverständnis usw. verfügt, liegt bei dem/der Schüler*in eine neuronale Entwicklungsstörung im Sinne des Autismus-Spektrums vor, welche definitorisch als persistierend bzw. ichsynton zu begreifen ist. Insgesamt lassen sich pädagogische Schulmaßnahmen bei Kindern und Jugendlichen mit ASS – und anderen Kindern auch – Präventionen bzw. Interventionen zumessen, wobei eine Prävention auf die Schaffung von individualisierten Rahmenbedingungen abzielt, die eine positive Lern- und soziale Entwicklung des/der Schüler*in begünstigt. Indessen beschreibt eine Intervention die Reaktion des pädagogischen Umfelds auf ungünstige bzw. lern- und sozialbeeinträchtigende Verhaltensweisen und Situationen, um diese positiv zu beeinflussen. Diese Differenzierung muss jedoch angesichts fließender Grenzen als ein künstlicher und didaktisch begründeter Vorgang gefasst werden.

2.1 Autismus und Schule: Herausforderungen und Chancen

Ausgehend von einem Spektrum-Verständnis bilden dimensionale Unterschiede und »kategoriale« Divergenzen im Sinne einer Schwerpunktsymptomatik bei den betroffenen Personen eher die Regel als die Ausnahme. Mit anderen Worten sind die auf das Spektrum zurückzuführenden Auffälligkeiten vielfältig und umfassen gerade in einem institutionellen und somit besonders herausfordernden Kontext wie dem der Schule viele relevante Bereiche. Exemplarisch schließen diese Bereiche etwa das soziale Miteinander (z. B. Umgang mit unterschiedlichen Personen, Gestaltung der Pausen), kommunikative Probleme (z. B. Gespräche mit Gleichaltrigen, Verstehen indirekter Sprache), emotionale Besonderheiten (z. B. Erkennen anderer emotionaler Perspektiven, Umgang mit Stresssituationen), kognitive Besonderheiten (z. B. Wahrnehmung des Gesamtkontextes, Handlungsplanung) und Wahrnehmungsbesonderheiten (z. B. Verarbeitung von Reizen, sensorisches Empfinden) ein. Diese nur skizzenhaft genannten möglichen Problembereiche, die mit vielerlei alltäglichen – teilweise genauso problematischen – Situationen einhergehen, können in herausfordernde Situationen sowohl für die Schule als auch für den/die betroffene*n Schüler*in selbst münden. Im Ergebnis können solche Situationen die Erledigung von Aufgaben betreffen, das Verhältnis zu Mitschüler*innen und Lehrer*innen, die Kooperationsbereitschaft, die Aufnahme des Unterrichtsstoffs, die gezeigten Reaktionen des/der Schüler*in auf bestimmte Situationen usw. Um diesen störungs- und umweltbedingten Nachteilen im Schulalltag entgegenzuwirken, haben unterschiedliche Autor*innen allgemeine Rahmenmodelle bzw. Handlungsempfehlungen zur Beschulung von Schüler*innen mit Autismus entwickelt, die sowohl Ähnlichkeiten als auch Unterschiede aufweisen. So haben Eckert und Sempert (2013a, 27) in ihrem Rahmenmodell acht Wirkfaktoren bzw. Grundlagen gelungener inklusiver Beschulung von Schüler*innen mit Autismus herausgearbeitet:

1. systematische Förderplanung, z. B. Einsatz störungsspezifischer/ geeigneter Materialien in der Förderdiagnostik,

2. individualisierte Unterstützungsangebote, z. B. Heranziehung von Nachteilsausgleichen,
3. strukturierte Lernumgebungen, z. b. Anwendung von Visualisierungshilfen,
4. spezifische Lehrplananteile, z. b. Berücksichtigung der Spezialinteressen,
5. funktionaler Umgang mit Verhaltensbesonderheiten, z. b. Verhaltensanalyse von herausfordernden Verhaltensweisen und Ableitung konkreter Interventionen,
6. Kooperation mit den Eltern, z. b. der regelmäßige Austausch mit den Eltern und die Akzeptanz der Eltern als Expert*innen für ihre Kinder,
7. Berücksichtigung der Peerbeziehungen, z. B. Aufklärung der Klasse,
8. Professionalität der Fachkräfte, z. b. spezifische Weiterbildungen.

Diese Systematisierung brachte eine Checkliste (»Checkliste zur schulischen Förderung von Kindern und Jugendlichen mit einer Autismus-Spektrum-Störung ASS«) hervor, die der Reflexion vorhandener bzw. fehlender angepasster Förderangebote dient (Eckert & Sempert, 2013b). Ebenfalls entwickelten Eckert et al. (2018) ein Modell autismusspezifischer Kompetenzen, das die für die Beschulung autistischer Kinder und Jugendliche relevanten Kompetenzbereiche in der Schule zum Ausdruck bringt. Stucki und Eckert veröffentlichten in jüngster Zeit eine Studie (Stucki & Eckert, 2023) zu den Gelingensbedingungen der Beschulung von Schüler*innen aus dem Spektrum in der Schweiz aus der Perspektive von Schulleitungen, in der die Ebenen der Lernenden, des Fachpersonals und der Mitschüler*innen berücksichtigt wurden.

Ein weiteres Konzept für den Einsatz in allen Schulformen entwarf Trost (2012, 129), der hierbei sechs zentrale Elemente für die gelungene Förderung autistischer Schüler*innen postuliert:

1. Entwicklung einer adäquaten pädagogischen Haltung, z. B. Klärung der Sichtweisen von Autismus und von impliziten Menschenbildern,

2.1 Autismus und Schule: Herausforderungen und Chancen

2. Kooperation aller Beteiligten, z.B. enge Zusammenarbeit von Lehrkräften, Eltern und sozialem Umfeld,
3. Bildungs-, Erziehungs- und Förderangebote, z.b. Training sozialer Kompetenzen,
4. Strukturell-organisatorische Erfordernisse, z.b. angepasste räumliche Gestaltung,
5. Vorbereitung auf Beruf und nachschulisches Leben, z.b. Vernetzung der Schule mit entsprechenden Institutionen,
6. Bildungs- und sozialpolitische Perspektiven, z.B. Stärkung und Ausbau von schulischen Unterstützungsangeboten.

Während das Modell von Eckert und Sempert den Fokus auf die Förderungspraxis legt, umfasst Trosts Konzept weitere grundlegende (Haltung) bzw. übergeordnete (politische Perspektiven) Elemente und berücksichtigt ebenfalls nachschulische Perspektiven. Theunissen und Sagrauske (2019) unterstreichen in ihren konzeptionellen Überlegungen, die ebenfalls spezifische Handlungsempfehlungen herausstellen, die Ressourcen und Stärken Betroffener sowie die Signifikanz des Empowermentgedankens und der Stärken-Perspektive als Leitprinzipien für jedwede pädagogische Praxis. Im Anschluss an eine ausführliche Abhandlung der relevanten zu berücksichtigenden Bereiche unterstreichen Theunissen und Sagrauske (ebd., 149 ff.) teilweise in Anlehnung an Kluth (2003, 43 ff.) zusammenfassend folgende zu beachtenden Aspekte in der Beschulung von Kindern und Jugendlichen mit Autismus:

1. *Autismus verstehen*, z.B. eine verstehende Sicht hinsichtlich des Autismus sowie der mit Verhaltensweisen einhergehenden Botschaften,
2. *Den Gebrauch von Labels hinterfragen*, z.B. eine Abkehr von der Störungsperspektive,
3. Individuelle Unterschiede erkennen und beachten, z.B. hinsichtlich der Stärken und Bedürfnisse,
4. Informationen reflektiert wahrnehmen, z.b. die Sichtweise der Schüler*innen ebenfalls beachten und als wertvoll erachten,

2 Grundlagen pädagogischen Handelns

5. Die Würde eines/einer Schüler*in aufrechterhalten, z.B. indem auch in schwierigen Situationen mit diesen Schüler*innen achtsam umgegangen wird,
6. Die Ressourcen und Potenziale von Schüler*innen beachten, z.B. Stärken dieser Schüler*innen würdigen,
7. Als Anwalt der Schüler*innen fungieren und zur Selbstvertretung befähigen, sodass sie sich in ihren persönlichen Belangen als wirksam erfahren,
8. Sich als Lehrkraft und lernende Person verstehen, z.B. die eigene Rolle nicht auf das Lehren beschränken und sich für Methoden entscheiden, die es ermöglichen, von Schüler*innen zu lernen,
9. Aktives Zuhören, z.B. um mehr über die Schüler*innen zu erfahren,
10. Wenn nötig, eine kritisch-konstruktive Pädagogik praktizieren, z.B. eine lösungsorientierte Vorgehensweise beherzigen,
11. Einen angemessenen Lehrstil mit einer wohlüberlegten Wortwahl pflegen, z.B. auf doppeldeutige Sprachäußerungen verzichten,
12. Mit allen Eltern kooperieren, z.B. Transparenz und Information über die Unterrichtspraxis.

Ferner werden von Autismus Deutschland »Leitlinien zur inklusiven Beschulung von Schülern mit Autismus-Spektrum-Störungen« (2013) formuliert, welche die Rahmenbedingung der inklusiven Beschulung von Kindern und Jugendlichen mit ASS beschreiben und hierbei den Übergängen im Rahmen dieser Beschulung einen wichtigen Platz zuweisen.

Insgesamt werden durch diese Konzepte Gelingensbedingungen und Handlungsempfehlungen übermittelt, die für die Beschulung von Kindern und Jugendlichen mit ASS bedeutend und gar entscheidend sein können. Denn sie legen neben den Haltungs- und eigenen Selbstverständnisaspekten einerseits einen Rahmen vor, in dem die Beschulung dieser Kinder bestmöglich gestaltet wird. Andererseits führen sie Lösungsstrategien für bestimmte syndromimmanente

Problembereiche und -situationen an. Indes bleibt es für den Einzelfall von zentraler Bedeutung, eine präzise autismusspezifische pädagogische Diagnostik durchzuführen und zu dokumentieren, die dann als Basis für konkrete individualisierte Interventionen dient.

2.2 Pädagogische Diagnostik

Die Diagnose einer Autismus-Spektrum-Störung wird in der Regel von Fachärzt*innen für Kinder- und Jugendpsychiatrie gestellt. Die pädagogische Diagnostik muss von einer psychiatrischen oder psychodiagnostischen Einschätzung abgegrenzt werden, die der Stellung einer Diagnose im Sinne der gültigen Klassifikationssysteme und der allgemeinen Empfehlung indizierter Maßnahmen und Anbindungen dient. Pädagogische Diagnostikmaßnahmen bzw. Assessments zielen darauf ab – sowohl basierend auf den Befundberichten und Empfehlungen der Diagnostikstellen als auch und vor allem einhergehend mit schulischen Erhebungen und Beobachtungen –, konkrete Maßnahmen für eine individuelle Förderung des Kindes in der Schule festzulegen. Dies ist angesichts der deutlichen persönlichen Unterschiede bei den Schüler*innen mit Autismus von besonderer Relevanz. Die pädagogische Einschätzung entspringt hierbei unterschiedlichen Quellen und Instrumenten und dient der Erstellung eines konkreten »Profils« des Kindes und der konkreten schulischen Situation, das es erlaubt, konkrete Maßnahmen für den pädagogischen/schulischen Alltag abzuleiten. Folglich befasst sich dieser Abschnitt mit etwaigen Informationsquellen, welche schließlich die Grundlage für das pädagogische Handeln bilden.

2 Grundlagen pädagogischen Handelns

2.2.1 Elterngespräch(e)

Eine gute Zusammenarbeit zwischen Schule und Eltern stellt ungeachtet vorliegender diagnostischer Einordnung eine wichtige Säule erfolgreicher Beschulung des Kindes dar. Gespräche und Kooperationen auf Augenhöhe sowie das Anerkennen der Eltern als Expert*innen für ihr Kind sind hierbei wichtige Voraussetzungen einer tragfähigen Beziehung zwischen Schule und Eltern. Eltern von Kindern mit Autismus zeichnen sich durch ein besonderes Expertentum für (autistische) Charakteristika ihres Kindes aus und offenbaren in der Regel eine besondere Sensibilität für autistische Merkmale, sodass sie hilfreiche Anregungen für den pädagogischen Alltag bereitstellen können. Eltern haben freilich im Verlauf der Entwicklung ihres Kindes mit Autismus gelernt, mit bestimmten Situationen umzugehen. Diese elterlichen Erfahrungen können für die Pädagog*innen von immenser Bedeutung sein. Darüber hinaus ist die Belastung der Eltern von Kindern mit Autismus-Spektrum-Störungen besonders hoch (Solomon & Chung, 2012, Kostiukow et al., 2019) und es ist anzunehmen, dass eine gute Arbeitsallianz zwischen Pädagog*innen und Eltern – analog zur Allianz in der Therapie (Tröster & Lange, 2019) – positive Effekte hervorbringt.

Insgesamt ist es vorbereitend auf den Wechsel in eine neue Schule sehr hilfreich, von den Eltern über – nicht nur autismusspezifische – Besonderheiten ihres Kindes zu erfahren, um diese im neuen Schulkontext zu berücksichtigen. Diese Besonderheiten können z.B. sensorische Überempfindlichkeiten, kommunikative und soziale Unsicherheiten oder thematische Fixierungen sein. Insgesamt sind regelmäßige und keine ausschließlich anlassbezogenen Gespräche anzuraten. Das Einberufen von Gesprächen ausschließlich in Notsituationen geht mit dem nicht zu bagatellisierenden Nachteil einer negativen Assoziation der Schule-Eltern-Kontakte einher.

Ein wichtiges Ziel von Elterngesprächen stellt die Koordination hinsichtlich pädagogischer Notwendigkeiten, Zuhause oder in der Schule, dar. Viele Herausforderungen können nicht allein von einer Seite gelöst werden, vielmehr bedürfen sie der engen Kooperation,

2.2 Pädagogische Diagnostik

eines »Wir«. Dass z.B. ein*e Schüler*in unkonzentriert im Unterricht ist, kann auf den Umstand zurückzuführen sein, dass der/die Schüler*in mit Ein- und Durchschlafschwierigkeiten zu kämpfen hat. Die Konzentrationsthematik in der Schule kann demnach in solch einem Fall nicht ohne die Eltern gelöst werden. Ein weiteres Beispiel bezieht sich auf die Erledigung von Hausaufgaben. Hier bedarf es des Öfteren des Austauschs zwischen Eltern und Lehrkräften, um eine realistische und nachhaltige Strategie zum Umgang mit Schwierigkeiten in der Erledigung von Hausaufgaben zu etablieren. Neben dem kooperativen Auseinandersetzen mit bestimmten Themen können Gespräche mit Eltern Einblicke in die familiäre Situation insgesamt sowie in das Störungsmodell der Eltern und die von ihnen eingesetzten Lösungsstrategien gewähren.

2.2.2 Gespräch mit dem/der Schüler*in

Eine Quelle bzw. ein Aspekt der pädagogischen Diagnostik, der nicht selten frappierend wenig Beachtung findet, ist das direkte Gespräch mit dem/der Schüler*in mit ASS. Viele dieser Schüler*innen bilden die wichtigste Informationsquelle und können in einem geschützten Gesprächsrahmen und auf der Basis einer positiven Arbeitsallianz wertvolle Hinweise zu für sie mit hoher Belastung assoziierten Situationen zur Verfügung stellen. Auch für diejenigen Schüler*innen, die sich vorzugsweise in schriftlicher Form äußern, lassen sich entsprechende Kommunikationswege vereinbaren, wie das Verfassen einer E-Mail an die zuständige Lehrkraft, die schriftliche Beantwortung von Fragen oder das Bearbeiten eines schulbezogenen Fragebogens. Erfahrungsgemäß lassen sich auch für mögliche auf die vorliegende Störung zurückzuführende Grenzen etwa durch visuelle Hilfen (z.B. konkrete verschriftlichte Fragen mit Antwortmöglichkeiten, Bilder, Piktogramme) Lernfortschritte erzielen.

Ein Bestandteil solcher Gespräche (und Annahmen) können allgemeine vorbereitende Inhalte für den Schulalltag sein, die in der Regel die zu erwartenden autismusspezifischen Themenbereiche einschließen, oder anlassbezogene Themen, etwa in Bezug auf konkrete (Konflikt-)Situationen oder Verhaltensweisen. Auch Krisensituationen können eine Chance darstellen, indem im Gespräch Möglichkeiten künftigen Umgangs herausgearbeitet werden. So kann in einem solchen Gespräch die Frage erörtert werden, welche Maßnahmen zum Abklingen eines etwaigen affektiven Ausbruchs beigetragen haben. Wichtig in diesem Zusammenhang ist indes, dass solche Gespräche durch eine schulische Vertrauensperson durchgeführt werden. Im Falle einer therapeutischen Anbindung des/der Schüler*in kann unter Umständen ein Auslagern des Gesprächs in den geschützten therapeutischen Raum in Erwägung gezogen werden.

2.2.3 Austausch mit anderen Fachleuten

Der Austausch mit weiteren Fachleuten kann wichtige Hinweise für schulische Interventionen und Hilfen bieten. In der Regel handelt es sich hierbei um Fachleute, die in schulischen, diagnostischen oder therapeutischen Institutionen tätig sind.

Schulische Institutionen umfassen etwa in der Vergangenheit besuchte Schulen und vor allem schulinterne aktuell unterstützende Institutionen. Letztere verfügen über Erfahrungen innerhalb des regionalen Schulsystems und hinsichtlich etwaiger regionaler autismusspezifischer Unterstützungsangebote und -möglichkeiten. Schulen, die von dem/der Schüler*in in der Vergangenheit besucht wurden, können zudem wichtige Hinweise zum eigenen Umgang mit konkreten Problemkonstellationen und zum Outcome gewählter Interventionen liefern, die für das aktuelle Vorgehen von Belang sind. Diagnostische Institutionen umfassen in erster Linie fachärztliche Anbindungen vor allem in den Bereichen Kinder- und Jugendpsychiatrie und Neuropädiatrie und können bei diversen Themen unterstützen, z.B. in puncto Qualität der Symptome und geeignete Interventionen, Umgang mit Komorbiditäten oder medikamentöse Therapien. Ebenfalls kann die Heranziehung therapeutischer Stellen, die von dem/der Schüler*in aufgesucht werden, eine Unterstützung beim Umgang mit dem/der Schüler*in in der Schule und bei der Erstellung eines Förderplans darstellen.

2.2.4 Verhaltensbeobachtung

Zu den Methoden der Datenerhebung gehört die systematische Verhaltensbeobachtung, die im Vorfeld der Beobachtungssituation definiert wird und somit wenig fehleranfällig sein soll. Bei dieser Definition geht es um die Fragen: Was wird beobachtet? Wann wird beobachtet? Wie wird beobachtet? Bei der letzten Frage wird unterschieden zwischen der teilnehmenden Beobachtung (die Lehrkraft ist die beobachtende Person) und der nichtteilnehmenden Beobachtung (eine nicht teilnehmende Person beobachtet das Verhalten, z.B. die Therapeutin des Kindes, die im Unterricht hospitiert). Insgesamt bietet diese Methode eine direkte Gewinnung von Informationen, die insbesondere bei Schüler*innen mit ASS und einer Sprachentwicklungsstörung bzw. einer kognitiven Beeinträchtigung ein wichtiges und kaum durch andere Instrumente zu ersetzendes Vorgehen darstellt.

Das zu beobachtende Zielverhalten kann anhand von etablierten schulbezogenen Verfahren oder in Abhängigkeit von der vorliegenden Fragestellung durch selbstserstellte Beobachtungsbögen erfasst werden. Wichtig bleibt, dass die Kriterien der Beobachtung vordefiniert werden und während der Beobachtungssituation durch die Beobachtungsperson nicht veränder- und beeinflussbar sind. Da Autismus-Spektrum-Störungen syndromal sind und somit vielfältige Verhaltensweisen und in der Konsequenz Beobachtungsziele umfassen, werden für den Schulkontext ebenfalls Beobachtungsbögen eingesetzt, die autismusspezifisch und zugleich symptomübergreifend sind, d.h. viele Ziel- und Symptombereiche umfassen, die dann anhand konkreter qualitativer Beobachtungen untermauert werden.

Ein für Schüler*innen mit ASS entwickelter Beobachtungsbogen ist der KOALA-Bogen (Noterdaeme et al., 2017, 362, 455 fff.), welcher dem

Dokumentieren der Responsivität der Schüler*innen im Unterrichtsgeschehen sowie der Initiierung von Kommunikation dient. Der Beobachtungsbogen EUKALYPTUS erfasst auffälliges und stereotypes Verhalten des/der Schüler*in im Unterricht (ebd., 362, 459 f.). Beide Bögen sind so konzipiert, dass sie durch die teilnehmende Lehrperson angewendet werden. Zwar nicht autismusspezifisch, aber durchaus hilfreich sind acht Bögen des Verlags PRO Schule zu verschiedenen Bobachtungsbereichen, darunter »Beobachtungbogen nonverbaler Kommunikation«, »Beobachtungbogen Lernblockaden« und »Beobachtungbogen sozial-emotionales Verhalten« (Kärnbach, 2021).

2.2.5 Verhaltensanalyse

Unter Umständen kann die Verhaltensanalyse als diagnostisches Instrumentarium angewendet werden, um das Verhalten aus einem verhaltenstherapeutischen Verständnis zu erklären und in der Konsequenz passgenaue Interventionen zu planen und zu installieren. Die Verhaltensanalyse geht über die bloße Verhaltensbeobachtung hinaus und schließt vorausgehende, begünstigende und aufrechterhaltende Bedingungen des gezeigten Verhaltens ein. Durch die funktionale Verhaltensanalyse (Borg-Laufs, 2020) wird versucht, die Hintergründe dieses gezeigten Verhaltens systematisch zu erheben und zu erklären und somit die Funktion des Verhaltens herauszuarbeiten. Etabliert haben sich hierbei das ABC- und das SORCK-Modell der funktionalen Verhaltensanalyse.

Das von Albert Ellis entwickelte und inzwischen als klassisch zu bezeichnende ABC-Modell berücksichtigt die Wahrnehmung eines Ereignisses (Activating experience), die Interpretation des Ereignisses – basierend auf eigenen Annahmen (Beliefs) – und die Konsequenz in Form von Verhalten und Gefühlen (Consequences). Dieses Muster führt im Ergebnis zu einer sich selbst verstärkenden Schleife des Verhaltens, deren Unterbrechung insbesondere durch den Fokus auf die Annahmen des Individuums etwa mittels des kognitiven Umstrukturierens möglich ist. Im Falle des vorliegenden Themas »Au-

2.2 Pädagogische Diagnostik

tismus« wäre ein zusätzlicher Fokus auf etwaige mit Autismus assoziierte und auf Erfahrungen des/der Einzelnen mit Autismus beruhende Annahmen von besonderem Interesse für die Verhaltensanalyse. Auch das SORCK-Modell eignet sich für die Analyse des Verhaltens des/der Schüler*in. Der erste Bestandteil des Modells bezieht sich auf den situativ auslösenden Reiz (S = Stimulus), gefolgt durch eine Reaktion auf den Reiz (R = Reaktion). Die Reaktion ist individuell und umfasst Organismusfaktoren (O = Organismus). Diese Faktoren können mit den Annahmen in Ellis' ABC-Modell verglichen werden und beziehen sich auf prädispositionelle oder psychosoziale Variablen, welche sich störungsbildspezifisch darstellen. Diese sind zentral für die Analyse und die Hypothesenbildung und ermöglichen einzelfallspezifisch die Heranziehung möglicher Besonderheiten des Autismus für die späteren Interventionen. Neben der genetischen Prädisposition bei Autismus können hier weitere Variablen wie die Erfahrungen des Ausschlusses aus der Peergruppe, soziokommunikative Überforderungssituationen und die per definitionem vorliegende Schwierigkeit im Erfassen sozioemotionaler Kontexte herangezogen werden. Ebenfalls zentral nach behavioralem Selbstverständnis ist die Konsequenz (C = Consequence) für den/die Schüler*in nach einem gezeigten Verhalten. Diese Konsequenz kann z.B. positiv verstärkend wirken und dazu führen, dass sich das Verhalten wiederholt. Abschließend ist die Kontingenz als fünfter Bestandteil des Modells zu erläutern: Diese bezieht sich auf die Häufigkeit einer Konsequenz, welche im Falle einer hohen Häufigkeit bzw. Kontinuität zu einer besonderen Verfestigung gezeigten Verhaltens führt.

Neben dem konkreten situativen Verhalten soll die Analyse des Verhaltens Besonderheiten des Autismus nicht außer Acht lassen und diese als integralen Bestandteil der Gesamtanalyse betrachten. Dies ist insofern von besonderer Bedeutung, als dass nicht das Verhalten selbst, sondern dessen Funktion im Mittelpunkt jedweder Analyse steht. So kann ein Kind bestimmte und für die Außenwelt als unangemessen angesehene Verhaltensweisen zeigen, weil es kommunikative Schwierigkeiten hat; ähnliche Verhaltensweisen eines anderen

Kindes könnten dagegen sensorischen Schwierigkeiten oder Interessen entspringen. Dementsprechend ist das Abrufen des Wissensstands hinsichtlich autistischer Eigenschaften und Kriterien hilfreich und ebenfalls erforderlich. Hierbei können beispielsweise Themenbereiche wie die kommunikativen Fähigkeiten, die Vorstellung sozialer Regeln, die sozioemotionalen Kompetenzen oder sensorische Über- oder Unterempfindlichkeiten eruiert werden. Die Analyse der konkreten Situation etwa nach dem SORCK-Modell sowie die Erhebung der Besonderheiten des Kindes und der Situation können somit hilfreiche Erkenntnisse liefern, die in die Bildung von Hypothesen und in entsprechende Interventionen münden, die im Ergebnis eine Erleichterung für das Kind und das Umfeld darstellen.

2.2.6 Ressourcenanalyse

Nicht minder wichtig als jegliche Problemanalyse ist die Analyse vorhandener Ressourcen und Stärken sowie etwaiger Spezialinteressen, die im Rahmen der gesamten Interventionsstrategie in vielerlei Hinsicht von immenser Bedeutung ist und als wichtiger Ansatzpunkt fungiert. Viele Menschen mit ASS weisen besondere Stärken sowie eine ausgeprägte Beschäftigung mit sogenannten Spezialinteressen auf, die in Verbindung mit anderen erwartungsgemäß für Menschen mit Autismus herausfordernden Themen wie etwa die in der Interaktion mit anderen Menschen, in der Entwicklung von Freundschaften usw. einen wertvollen Zugang für und zu diesen Menschen anbieten. So öffnen Spezialinteressen beispielsweise die Tür, um in Kontakt mit anderen Menschen zu treten, fördern das Selbstwertgefühl, ermöglichen unter Umständen das Üben von Fertigkeiten usw. Die Indikation dieser »Stärken-Perspektive« (Theunissen & Sagrauske, 2019) wird in der Forschung bestätigt (vgl. Murthi et al., 2023) und muss in der Förderplanung Beachtung finden. Aus der Analyse von 38 Studien fanden Murthi et al. heraus, dass stärkenbasierte Interventionen soziale Ängste und Stress reduzieren, dass das Teilen von Interessengebieten die sozialen Kompetenzen

Tab. 2.1: Einschätzung von Ressourcen eines/einer Schüler*in mit ASS

Ressource	Schüler*in Einschätzung 1–10	Eltern Einschätzung 1–10	Lehrkraft Einschätzung 1–10	Andere Person: Einschätzung 1–10	Punktzahl/ Anzahl der Personen
faktenorientiert und wissbegierig im Fach/zum Thema					
detailorientiert					
überlegt und gründlich					
visuell stark					
Stärken im Strukturieren und Kategorisieren					
gutes Gedächtnis					

2.2 Pädagogische Diagnostik

verbessert und dass sich das Entwickeln eines förderlichen Umfelds auf das psychische Befinden positiv auswirkt.

Mit Hilfe des Gesprächs mit den Betroffenen und deren Umfeld oder durch unterschiedliche Instrumente oder selbsterstellte individualisierte Tabellen (▶ Tab. 2.1) lässt sich ein Stärken- bzw. Ressourcenprofil bilden, das in der alltäglichen Praxis in der Schule Anwendung findet und als Grundlage für schulische Maßnahmen dient. So werden in der Literatur verschiedene Stärken und hilfreiche Eigenschaften von Menschen mit Autismus genannt (Atwood & Gray, 1999, 2 f.), die dann bei dem/der Schüler*in abgefragt bzw. durch andere Personen eingeschätzt werden können. Ein Beispiel dafür ist die Detailorientierung vieler Menschen mit Autismus, die es ihnen ermöglicht, schneller Fehler oder Ungereimtheiten in einem Text zu finden. Dies kann insofern von großer Relevanz im schulischen Alltag sein, als dass dem/der Schüler*in etwa individualisierte Text- oder Bildaufgaben vorgelegt werden können.

2.2.7 Einschätzung der Emotionalität

Ein nicht zu unterschätzender Entwicklungsbereich, der unmittelbare Auswirkungen auf das soziale Miteinander in der Schule hat, offenbart die psychische Entwicklung hinsichtlich der Emotionalität bei Menschen mit Autismus-Spektrum-Störungen. Mit dem hier genannten Begriff der »Emotionalität« sind für den vorliegenden Kontext folgende künstlich voneinander getrennte Bereiche[6] relevant:

---

6 Die »Emotionale Entwicklung« umfasst an sich auch die hier ausgeführten »Theory of Mind« und »Emotionsregulation«, sodass diese drei Bereiche nicht als Kategorien auf gleicher Ebene zu betrachten sind. Die Trennung dient lediglich der didaktischen Vermittlung, indem die zwei zuletzt genannten Kategorien gesondert behandelt werden.

2.2 Pädagogische Diagnostik

- Emotionale Entwicklung,
- Theory of Mind,
- Emotionsregulation.

Die Einschätzung des emotionalen Entwicklungsniveaus und dessen Differenzierung kann wichtige Hinweise für die Zugangswege zum/ zur Schüler*in und dementsprechend bestimmte Interventionen begünstigen bzw. nahelegen. Etabliert hat sich die »Skala der emotionalen Entwicklung (SEED)« (Sappok et. al, 2018)[7], die von den Arbeiten von Anton Došen abgeleitet ist und der Feststellung der emotionalen Entwicklung bei Personen mit intellektuellen Störungen dient. Basierend auf der Elterneinschätzung wird das Entwicklungsniveau in acht Domänen (z.B. Umgang mit dem eigenen Körper, Emotionsdifferenzierung, Umgang mit Peers) abgebildet, das im Ergebnis passgenaue Interventionen ermöglicht. Eine weitere Option zur Analyse der emotionalen Entwicklung gewährt die »Skala zur Einschätzung des Sozial-Emotionalen Entwicklungsniveaus (SEN)« (Hoekman et al., 2017). Diese von einer Fachperson auszufüllende Skala umfasst die Bereiche der sozialen und emotionalen Entwicklung und es werden unter dem jeweiligen Bereich mehrere Dimensionen abgebildet. Innerhalb des Bereiches der emotionalen Entwicklung werden die Dimensionen Selbstbild, emotionale Selbstständigkeit, Realitätsbewusstsein, moralische Entwicklung, Ängste, Impulskontrolle und Emotionsregulation unterschieden.

Auch eine Einschätzung im Bereich der Theory of Mind (ToM) kann wichtige Hinweise für angepasste Handlungsempfehlungen liefern. Beim ToM-Konzept geht es, wie oben bereits geschildert wurde, um die Fähigkeit, sich in andere Personen hineinzuversetzen, wobei zumindest die Anfänge der ToM-Forschung von einer kognitiven Ausrichtung geprägt waren. Defizite im ToM schränken zahlreiche so-

---

7 Die »Skala der emotionalen Entwicklung« erschien 2023 in einer neuen veränderten Auflage (SEED-2). Die Veränderung umfasst vor allem die Ausdehnung des Referenzalters, diagnostische Bezugnahme zu ASS sowie zusätzliche Interpretationshinweise.

ziale Interaktionsmöglichkeiten ein und können zu wiederholten Missverständnissen während der Interaktion führen. Die Einschätzung der ToM-Fähigkeiten kann etwa mit Hilfe von False-Belief-Aufgaben, verbalen Mental-State-Aufgaben oder Gefühlserkennungsaufgaben erfolgen. Eine inzwischen klassische False-Belief-Aufgabe ist die Sally-und-Ann-Szene, bei der die unterschiedlichen Perspektiven hinsichtlich des Orts eines Objektes Berücksichtigung finden müssen. Weitere ähnliche Aufgaben finden sich bei Howlin et al. (1999) sowie bei Hadwin et al. (2015). Ebenfalls bilden verbale Mental-State-Aufgaben wie die sogenannten »Strange Stories« von Happé (1994) oder die Faux-Pas-Geschichten von Baron-Cohen et al. (1999) ToM-Fähigkeiten ab. Bei den von Baron-Cohen und Kolleg*innen entwickelten Geschichten handelt es sich um zehn Geschichten mit einem inadäquaten Verhalten und zehn Kontrollgeschichten. Die Proband*innen erhalten hierbei die Aufgabe, anhand von konkreten Fragen etwaiges unpassendes Verhalten in der jeweiligen Situation herauszufinden und zu benennen.

Zur Evaluation der Fähigkeit der Emotionserkennung können entsprechend entwickelte Tests eingesetzt werden. So eignet sich etwa der »Frankfurter Test und Training des Erkennens von fazialem Affekt« (FEFA) (Bölte et al., 2003), bei dem Proband*innen mittels eines Computerprogramms Fotos emotionaler Affekte vorgelegt werden, die sie einem der genannten Gefühle zuordnen müssen. Ebenfalls hat die Arbeitsgruppe um Baron-Cohen (Baron-Cohen et al., 2001) einen Test entwickelt, bei dem anhand der Augenpartie das dargestellte Gefühl eingeschätzt wird: der »Reading the Mind in the Eyes«-Test. Wichtig zu berücksichtigen bei solchen Erhebungen ist der Umstand, dass es sich hierbei nicht um eine diagnostische Zuordnung im Sinne einer Klassifikation handelt, sondern es vielmehr um die Einschätzung sozialer Kognition ungeachtet der diagnostischen Kriterien geht. Dem liegt der Umstand zugrunde, dass inzwischen die Spezifität von ToM-Defiziten bei ASS kontrovers diskutiert wird (vgl. Bruning et al., 2005; Grabe, 2018).

Es liegt in Anbetracht der Kernsymptome von ASS nahe, dass ebenfalls Besonderheiten hinsichtlich der Emotionsregulation bei

2.2 Pädagogische Diagnostik

diesen Schüler*innen vorliegen (können). Die in dieser Hinsicht gezeigten Verhaltensweisen sind gewöhnliche menschliche Reaktionen bzw. Bewältigungsstrategiegien, die des Öfteren dem Umgang mit bzw. dem Beenden oder Vermeiden einer unangenehmen Situation dienen. Besonders zu beachtende Faktoren sind Auslösesituationen, die autismusspezifisch sein können. Stresserzeugende Situationen, welche maladaptive Lösungsstrategien wie etwa Aggressionen auslösen können, umfassen Bereiche wie Reizüberflutung, herausfordernde zwischenmenschliche Situationen, Störungen und Unterbrechung von Handlungen und Tätigkeiten, sensorische Störungen etc. Auch bei Schüler*innen mit Autismus können sich die Reaktionen bzw. Lösungsstrategien bei stresserzeugenden Situationen unterscheiden und reichen von Rückzug bis hin zu externalisierenden Verhaltensweisen. Neben der Einschätzung der individuellen stresserzeugenden Situationen sind die persönlichen Reaktionsmuster (z. B. aggressives Verhalten, Resignation und Rückzug etc.) für etwaige Präventionen relevant. Selbst- und Fremdeinschätzung anhand von Fragebogenverfahren können einen weiteren Beitrag zur Einschätzung eingesetzter Strategien leisten. Bewährt hat sich der »Fragebogen zur Erhebung der Emotionsregulation bei Kindern und Jugendlichen« (FEEL-KJ) (Grob & Smolenski, 2009). Dieser Selbsteinschätzungsbogen ermöglicht die Einschätzung des Emotionsregulationsverhaltens anhand von 15 Skalen/Emotionslösungsstrategien, die adaptiven, maladaptiven oder sonstigen Strategien zugeordnet sind. Zu den adaptiven Strategien gehören beispielsweise das problemorientierte Handeln und das Umbewerten. Unter den maladaptiven Strategien finden sich unter anderem aggressives Verhalten und Selbstabwertung. Soziale Unterstützung, Emotionskontrolle sowie Ausdruck sind keiner Kategorie zugeordnet.

2.2.8 Test- und Fragebogenverfahren

Weitere Quellen der Einschätzung bilden Test- und Fragebogenverfahren, welche in der Regel bereits im diagnostischen Prozess etwa in

Praxen für Kinder- und Jugendpsychiatrie mit und zu dem/der Schüler*in erfolgt sind/durchgeführt wurden. Daher reicht gewöhnlich ein Blick in Befundberichte, um einen Eindruck über Besonderheiten in den unterschiedlichen Bereichen zu gewinnen. Wichtige Themenbereiche hierbei sind die Intelligenzdiagnostik, die Sprachdiagnostik, die Einschätzung exekutiver Funktionen und zentraler Kohärenz sowie die Sensorik.

Intelligenzmessung muss immer mit großer Vorsicht betrachtet werden, denn sie bildet eine Momentaufnahme, bezieht sich auf die konkret gestellten Aufgaben und erfolgt mit unterschiedlichen Verfahren. Darüber hinaus spielen insbesondere bei Menschen mit ASS Themen wie Motivation und Kooperation eine wichtige Rolle und müssen immer berücksichtigt werden. Umfassende Verfahren, die sich bewährt haben, sind beispielsweise die »Wechsler Intelligence Scale for Children – IV« (WISC-IV; Petermann & Petermann, 2011) und die »Kaufmann-Assessment Battery for Children – II« (K-ABC-II, Melchers & Melchers, 2015). Ein geeignetes nonverbales Verfahren ist der »Snijders-Oomen Nonverbale Intelligenztest«, der in zwei Versionen erhältlich ist: SON-R 2–8 (Tellegen et al., 2018) für das Alter von zweieinhalb bis acht Jahren und SON-R 6–40 (Tellegen et al., 2012) für das Alter von sechs bis 40 Jahren.

Schwankungen innerhalb des individuellen Profils können wichtige Hinweise auf Stärken und Schwächen des/der Schüler*in liefern, die dann im Unterricht Berücksichtigung finden sollen. So lassen sich Stärken bei Kindern mit ASS in visuellen Aufgaben (Coolican et al., 2008) oder bei faktenbezogenen Aufgaben feststellen. Schwächen finden sich bei Aufgaben mit sozialem Bezug oder bei abstrakten Aufgaben (Kuschner et al., 2007). Unter anderen zeigen sich in der WISC-IV zudem Schwächen im Bereich der Verarbeitungsgeschwindigkeit (Nader et al., 2015).

Kinder mit Autismus weisen sprachliche Besonderheiten auf, welche in der Regel nicht durch gängige Testverfahren erfassbar sind. Neben allgemeinen Sprachtests wie dem Sprachentwicklungstest für drei- bis fünfjährige Kinder (SETK 3–5) (Grimm, 2015) oder dem Wortschatz- und Wortfindungstest für Sechs bis Zehnjährige (WWT

2.2 Pädagogische Diagnostik

6–10) (Glück, 2011), welche der allgemeinen Orientierung (SETK 3–5) oder der Einschätzung des Wortschatzes (WWT 6–10) dienen, können die autismusspezifischen Sprachbesonderheiten durch Verhaltensbeobachtung oder Befragung des Umfelds erhoben werden. Weitere Besonderheiten, welche für den Schulalltag relevant sind, bilden die in der Regel auffälligen Befunde bei Kindern mit ASS im Bereich der Exekutivfunktionen (hier vor allem der kognitiven Flexibilität) und der zentralen Kohärenz. Instrumente, die die Exekutivfunktionen testen, sind unter anderem der »Wisconsin Card Sorting Test« (WCST; Grant & Berg, 1993), der »Turm von London« (Tucha & Lange, 2004) oder als Fragebogenverfahren für Fremdbeurteilung das »Verhaltensinventar zur Beurteilung exekutiver Funktionen« (BRIEF; Drechsler & Steinhausen, 2013). Die zentrale Kohärenz bezieht sich auf die Detailbevorzugung durch Menschen mit ASS in Relation mit der globalen Wahrnehmung. Dies lässt sich unter anderen durch die Ergebnisse in bestimmten Subtests (z. B. Mosaik-Test des WISC-IV) bei der Intelligenztestung im Vergleich zu anderen Subtests erfassen. Ein »Klassiker« zur Einschätzung der zentralen Kohärenz bleibt jedoch der »Embedded Figures Test« (Witkin et al., 1971).

Abschließend soll auf die Möglichkeit der Einschätzung der Wahrnehmungsverarbeitung hingewiesen werden. Obgleich sensorische Besonderheiten bei Menschen mit ASS im in Deutschland gültigen Klassifikationssystem exkludiert wurden, spielen diese im Alltag von Menschen mit Autismus eine nicht zu bagatellisierende Rolle. Ein bewährtes Instrument in diesem Bereich ist das Sensory Profile 2 (Dunn, 2017). In einem Review bestätigen Ismael et al. (2018), dass die sensorische Verarbeitung von Kindern mit ASS einen Einfluss auf die Teilhabe an verschiedenen Lebenskontexten hat, wobei die sensorischen Verarbeitungsmuster dieser Kinder deren Partizipation an Betätigungen sowohl unterstützen als auch erschweren können. Eine unlängst erschienene irische Studie (Nolan et al., 2023) unterstreicht ebenfalls den Einfluss der sensorischen Umgebung auf den Lernerfolg Studierender.

2.2.9 Hypothesenbildung

Fasst man den Prozess der pädagogischen Diagnostik zusammen, dann beginnt dieser Prozess mit der Sichtung und Erhebung erforderlicher Daten aus unterschiedlichen Quellen, um möglichst passgenaue Hypothesen bezogen auf die Schulsituation des/der Schüler*in mit ASS bilden zu können und entsprechende Handlungsempfehlungen auszusprechen und umzusetzen. Somit endet dieser Prozess nicht mit den Handlungsempfehlungen, vielmehr folgen die Umsetzung und die Evaluation von Interventionen. Operationalisierungen, welche nicht zum Ziel führen, veranlassen dann eine erneute Prüfung auf allen Prozessebenen.

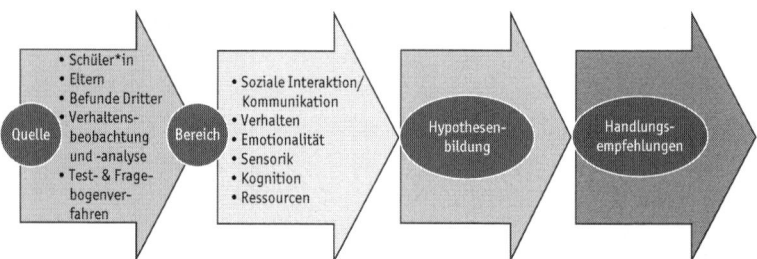

Abb. 2.1: Prozess der pädagogischen Diagnostik

Obgleich es sich empfiehlt, möglichst viele Datenquellen zu berücksichtigen, ist die Erhebung der Daten aus allen Quellen keine Voraussetzung dafür, um mit dem diagnostischen Prozess fortzufahren. Die anschließende Hypothesenbildung kann sich auf Interventionen im Zusammenhang mit einem konkreten Verhalten beziehen oder einen präventiven Charakter haben, der Stressoren reduziert, um maladaptive Reaktionen erst gar nicht entstehen zu lassen.

2.3 Interventionen und Handlungsempfehlungen

Im Anschluss an die quellenvariierende Datenerhebung in der pädagogischen Diagnostik und ausgehend von einer freilich individuellen Gestaltung jedweder Form der Unterstützung gilt es, einen Interventions- bzw. Präventionsplan (Förderplan) für den/die Schüler*in zu erstellen und diesen auch umzusetzen. Hierbei sollten die Interventionsstrategien nicht den Fokus ausschließlich auf Veränderungen bzw. Interventionen bei dem/der Schüler*in mit Autismus selbst legen. Eine Fokussierung des Individuums bei diesen Interventionen würde vor allem verkennen, dass Autismus eine ichsyntone und chronifizierte Struktur darstellt, die in neuester Zeit umgangssprachlich nicht als gestörtes, sondern als *anderes* Betriebssystem beschrieben wird. Bei der Planung und Umsetzung der Förderung sowie etwaiger Interventionen müssen verschiedene Grundprinzipien berücksichtigt werden (▶ Tab. 2.2), wie die bereits genannte Individualität jedes Kindes und der übergreifende Charakter der Interventionen. Auch die Wichtigkeit der engen und regelmäßigen Zusammenarbeit der beteiligten Akteure, das Verständnis der Schule als sozialer Ort und das ressourcenorientierte Vorgehen sind weitere wichtige Unterstützungsprinzipien.

Tab. 2.2: Grundprinzipien der Intervention

1. individuelle Interventionen
2. übergreifende Interventionen
3. eng und regelmäßig abgestimmte Interventionen
4. stets auf soziales Lernen gerichtete Interventionen
5. ressourcenorientierte Interventionen

Die Individualität des/der Schüler*in mit Autismus (und ohne Autismus) ist der Ausgangspunkt jeglicher schulischen und außerschulischen Zusammenarbeit. Diese Individualität bildet den Geist nicht nur der Inklusion, sondern den Geist internationaler und europäischer Konventionen, des deutschen Grundgesetzes und jeder pluralistischen Gesellschaft, für die Menschenrechte die Grundsäule gemeinsamen Lebens sind. Wie auch Schüler*innen ohne Autismus sind Schüler*innen mit Autismus unterschiedliche Individuen und es kann keinen allgemeinen Förderplan für alle Schüler*innen mit Autismus geben. Gewiss besteht eine gemeinsame Grundlage und es finden sich Themenkomplexe mit wiederkehrenden Unterstützungsbedarfen bei Schüler*innen mit Autismus, deren fokussierte Berücksichtigung auch sinnvoll erscheint, trotzdem müssen die Bedarfe und Bedürfnisse des/der einzelnen Schüler*in ermittelt und es muss entsprechend interveniert werden.

Mit dem übergreifenden Charakter der Interventionen wird auf das bereits skizzierte Wesen des Autismus Bezug genommen, das eine mehrgleisige Intervention auf unterschiedlichen Ebenen erforderlich macht, etwa auf der Ebene des/der Schüler*in mit Autismus, der anderen Schüler*innen, der Lehrkräfte, der Eltern, des jeweiligen Unterrichtsfaches und auf der Schulebene als ein System mit einer Philosophie und mit räumlichen und anderen Rahmenbedingungen. Die gute und enge Zusammenarbeit aller relevanten Akteure verkörpert ein weiteres Prinzip dieser Arbeit und umfasst die Koordination einer regelmäßigen Absprache der Akteure und deren klaren Rollen und Aufgaben. Zu diesen Akteuren gehören in der Regel neben den Lehrkräften förderpädagogische Kräfte, Eltern, Schulbegleitung und zuständige therapeutische Fachkräfte. Obgleich solche sogenannten »Runden Tische« bisweilen ohne die Teilnahme des/der betroffenen Schüler*in stattfinden, empfiehlt es sich, die Teilnahme des Kindes im Sinne des Teilhabegedankens ernsthaft in Erwägung zu ziehen, sollten keine ausgesprochenen Kontraindikationen vorliegen. Zudem ist es dringend anzuraten, dass solche Absprachen und Treffen nicht ausschließlich in Krisensituationen abgehalten werden, sondern in regelmäßigen Abständen zwecks einer neutralen Eva-

2.3 Interventionen und Handlungsempfehlungen

luation der Entwicklung des Kindes und zur Schärfung/Anpassung bereits abgesprochener Ziele und Interventionen.

Das Selbstverständnis der Schule als ein Lern- und ein sozialer Ort bedeutet vor allem zweierlei: die unmittelbare Förderung sozialer Kompetenzen bei den Schüler*innen und das Lernen im sozialen Raum. So geht es für alle und im besonderen Maße für Schüler*innen mit Autismus um die soziale Teilhabe, somit auch um das Lernen mit anderen und nicht um einen Ausschluss dieser Schüler*innen aus dem gewöhnlichen und gewohnten Lernort. Trotzdem kann ein getrenntes Lernen als eine Zwischenphase, als eine Vorbereitung erforderlich sein; dies fungiert dann jedoch nicht als Zweck, sondern als Mittel für die Förderung der Teilhabe. Ebenfalls kann ein anlassbezogener Rückzug in eine reizarme Umgebung im Sinne der Entlastung des/der Schüler*in sinnvoll sein.

Die Wichtigkeit der Ressourcenorientierung wurde bereits ausführlich beschrieben; gerade bei Schüler*innen mit Autismus, welche eine besondere Affinität zu einem sogenannten Spezialinteresse bzw. eine thematische Fokussierung aufweisen können, kann diese Orientierung einen sehr erfolgreichen Zugang zum/zur Schüler*in ermöglichen (▶ Kap. 2.2.6). Anknüpfend an die inzwischen klassische Metaanalyse von Hattie (2009) hat zudem die Berücksichtigung des Vorwissens und der Vorerfahrungen des/der Schüler*in einen signifikanten Einfluss auf den Lernerfolg.

Wie oben bereits skizziert, finden die Interventionen nicht ausschließlich bei dem/der Schüler*in mit Autismus statt, sondern vielmehr gibt es weitere wichtige »Orte« der Interventionen, die sich auf die anderen Schüler*innen, die Lehrkräfte, die Rahmenbedingungen im Unterricht, in der Klasse und in der Schule sowie die Elternarbeit beziehen (▶ Abb. 2.2). Diese werden in den folgenden Abschnitten ausführlicher behandelt.

2 Grundlagen pädagogischen Handelns

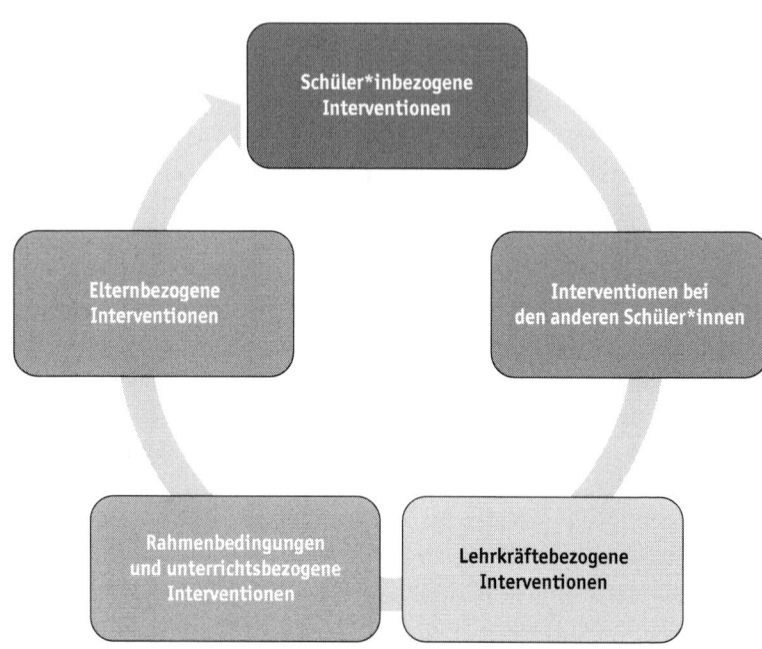

Abb. 2.2: »Orte« der Interventionen bei Schüler*innen mit ASS

2.3.1 Schüler*innen-bezogene Interventionen

Interventionen auf der Ebene des/der Schüler*in bedeuten, dass sich der Ort der Interventionen bei dem/der Schüler*in befindet und mit den entsprechenden Handlungsstrategien genau dort anzusetzen ist. Dieser Prozess beginnt bereits mit den diagnostischen Gesprächen und Absprachen mit dem/der Schüler*in mit Autismus. Auch Krisensituationen lassen sich als eine Chance betrachten; so können nach deren Ausklingen im Gespräch mit dem/der Betroffenen Interventionsstrategien für eine mögliche nächste Krise bereitgestellt werden. Die Vorbereitung und Planung von schüler*innenbezogenen Interventionen haben einen therapeutischen Charakter und müssen im Gespräch mit den Betroffenen selbst stattfinden, sodass diese

2.3 Interventionen und Handlungsempfehlungen

Gespräche unbedingt in einem geschützten Raum abzuhalten sind und durch eine Vertrauensperson durchgeführt werden müssen. Die Vertrauensperson kann eine schulinterne Person wie etwa ein*e Vertrauenslehrer*in, ein*e Schulsozialarbeiter*in oder eine außerschulische therapeutische Person sein. Bei Letzterer sind jedoch enge Absprachen mit der Schule unbedingt erforderlich.

Die Themenkomplexe der direkten Interventionen bilden die für Autismus gewöhnlichen Symptombereiche sowie weitere verwandte oder davon abgeleitete Verhaltensweisen (▶ Tab. 2.3). So scheint es zentral zu sein, dem/der Schüler*in mit Autismus Schul-, Klassen- und insgesamt soziale Regeln näherzubringen, wobei es sich oft um an sich selbstverständliche und unausgesprochene Regeln des sozialen Miteinanders handelt. So kann es hilfreich sein, soziale Regeln (in der Schule) nicht als gegeben vorauszusetzen und diese mit dem/der Betroffenen zu besprechen und ggf. zu visualisieren. Auch Vereinbarungen mit dem/der Betroffenen zu treffen und ihm oder ihr ein regelmäßiges Feedback/eine Reflexion besprochener Punkte und deren Erreichen zu geben, offenbart sich als wichtige Unterstützung der sozialen Orientierung dieser Schüler*innen. Bei jüngeren Schüler*innen kann der Einsatz von sogenannten Social Stories (Gray, 2014) ebenfalls unterstützend wirken, um das Verstehen etwaiger Regeln in der Schule zu erleichtern. In Zusammenhang mit den Schwierigkeiten bei vielen Kindern mit Autismus bezüglich der Gefühlswahrnehmung und -erkennung bietet sich an, ritualisierte Gefühlsfeedback-Bausteine für alle Schüler*innen im Unterricht zu installieren und den Unterricht als Übungsfeld für dieses Thema zu nutzen. Auch kann die Integration von unterschiedlichen Entspannungsübungen in den Unterricht einen Beitrag zur Stress- und Anspannungsreduktion leisten. Hierzu kommen konkrete Techniken zum Einsatz bei Menschen mit Autismus (Spek, 2022), die jedoch ebenfalls für andere Menschen geeignet sind. Entspannungsmethoden verbessern ebenfalls die Theory-of-Mind-Fähigkeit (Mascaro et al., 2013).

Auch hinsichtlich der Kommunikation bestehen oft unterschiedliche Handlungsindikationen, die sich zwischen den sprachersetzenden oder -begleitenden Hilfen und den Förderungen eines nicht konkretistischen Sprachverständnisses bewegen. So umfasst das Autismus-Spektrum Schüler*innen mit Sprachentwicklungsverzögerungen sowie solche mit hochfunktionalen Autismusformen, die über durchschnittliche bis überdurchschnittliche Sprachkompetenzen verfügen, aber zugleich ausgeprägte Kommunikationsgrenzen offenbaren, die sich beispielsweise in einem wortwörtlichen Sprachverständnis, in Schwierigkeiten in der Gesprächsführung, in paraverbalen Grenzen und in einem mangelnden Einsatz vorhandener Sprache als Kommunikationsmittel äußern. Bei Kindern mit einer ausbleibenden oder verzögerten Sprachentwicklung bieten sich Ersatzkommunikationsformen an, die sich in erster Linie durch visuelle Hilfen in Form von elektronischen Kommunikationsgeräten oder in Form von Bildern nach der PECS-Methode (Kommunikation mit Hilfe von Bildern) operationalisieren lassen. Bei Kindern mit hochfunktionalen Autismusformen, welche autismusimmanente Kommunikationsbarrieren zeigen, bieten sich neben einer Modifikation der Kommunikation andere Vereinbarungen mit dem Kind über Wege der Signalisierung nicht verstandener Aufträge, Äußerungen etc. seitens der Lehrperson an. Ebenfalls können diese Schüler*innen Unterstützung hinsichtlich der Gesprächsführung und zeitliche und örtliche Vereinbarung des – bisweilen ausufernden – Vortragens eigener Themen benötigen. Sogenannte Spezialinteressen können indes als Verstärker in verhaltenstherapeutischen Interventionen eingesetzt werden. Zudem können die Spezialthemen utilisierend genutzt werden, etwa, um ins Gespräch mit Gleichaltrigen zu kommen.

Auf das Arbeitsverhalten von Schüler*innen mit ASS lässt sich durch äußere Rahmenbedingungen und Strukturen positiv einwirken. Darüber hinaus können auch hier Themen, die mit den Spezialinteressen verbunden sind, einen motivierenden Einfluss auf das Arbeitsverhalten haben. Besonders für Schüler*innen mit Autismus stellt das Wissen darüber, wann, was, wie und weshalb etwas zu machen ist, einen wichtigen Faktor erhöhter Motivation dar. Auch kann es hilfreich sein, mit dem/der Schüler*in über günstige bzw.

2.3 Interventionen und Handlungsempfehlungen

weniger günstige Formen der Arbeit im Unterricht – wie etwa die für diese Schüler*innen häufig schwierige Gruppenarbeit – zu sprechen. Aus unterschiedlichen Gründen, z.B. der inneren und äußeren Ablenkbarkeit, der Tendenz zur Beschäftigung mit unwesentlichen Aspekten und eines ausgeprägten Perfektionismus, ist das Arbeitstempo dieser Schüler*innen nicht selten reduzierter als bei Gleichaltrigen. Dies lässt sich in der Regel durch äußere und nicht etwa innere Maßnahmen beim Kind beeinflussen, so etwa über Nachteilsausgleiche. Für das Zeitgefühl lassen sich jedoch mit dem/der Schüler*in visuelle Signale vereinbaren, damit die verbleibende Zeit, etwa bei Klassenarbeiten, im Blick behalten werden kann.

Abschließend soll der Umgang mit sogenanntem herausforderndem Verhalten skizziert werden, wobei dies eher die Reaktion des/der Schüler*in auf eine Situation beschreibt, sodass es sinnhafter erscheint, hier von herausfordernden Situationen für diese Schüler*innen zu sprechen. Diese können zunächst durch eine (Situations- und) Verhaltensanalyse bestimmt werden (▶ Kap. 2.2.5), um angepasste Interventionen zu planen. Ausgehend von dem Verständnis einer herausfordernden Situation ist die Verhaltensanalyse stets in Beziehung zum Kontext zu setzen, in dem dieses Verhalten entstanden ist und gezeigt wird. Demnach zielen die Maßnahmen oft auf die Veränderung der Situation/der Rahmenbedingungen ab. Dennoch ist es nicht minder wichtig, die persönlichen Faktoren in Betracht zu ziehen und ggf. Maßnahmen zur direkten Unterstützung der Person zu installieren. So kann das Fehlen der Kommunikation maladaptive Reaktionen begünstigen, die dann durch das Zur-Verfügung-Stellen von Kommunikationshilfen reduziert werden. Bei Schüler*innen mit hochfunktionalen Autismusformen können Signale zum aktuellen Anspannungsniveau vereinbart werden, damit dann im Falle hoher Anspannung das Hinzuziehen vereinbarter Maßnahmen veranlasst werden kann. Die unmittelbaren Reaktionen auf Herausforderungen im Unterricht unterscheiden sich je nach gezeigtem Verhalten und reichen von Ignorieren und Ablenken bis hin zum Ermöglichen von Auszeiten. Insgesamt empfiehlt es sich bei bestimmten Schüler*innen, dass ein Krisenplan bereits vorliegt, der die Reaktion und die

Rollen konkret genannter Akteure festlegt und im besten Fall mit dem/der Schüler*in im Vorfeld besprochen wird. Dies birgt den Vorteil, dass der/die Schüler*in das Geschehen in einer Krisensituation einordnen kann, was wiederum die Wahrscheinlichkeit einer höheren Zuspitzung der herausfordernden Reaktion reduziert.

Tab. 2.3: Bereichsbezogene Beispiele für Interventionen bei dem/der Schüler*in

Förderbereich	Beispiele von schülerbezogenen Interventionen
Soziale Interaktion	Vermittlung vermeintlich selbstverständlicher Regeln in der Schule Einsatz von Bildkarten als Erinnerungshilfen für Regeln Regelmäßige Reflexion/Feedback Social Stories Unterricht als Übungsfeld emotionaler Kompetenzen Gefühle immer wieder benennen
Kommunikation	Einsatz von elektronischen Kommunikationsmitteln Einsatz von visuellen Hilfen der Kommunikation (z. B. PECS) Signal(-Karten) bei nicht verstandenen Aufträgen Spezialinteressen als Hilfe für die Kommunikation mit anderen nutzen
Arbeitsverhalten	Spezialinteressen als Motivationsfaktor nutzen Rationalisierung und Erklärung der Unterrichtsinhalte Günstige und ungünstige didaktische Formen mit dem/der Schüler*in erörtern Das Arbeitstempo berücksichtigen und zeitliche Erinnerungsintervalle vereinbaren Selbstinstruktionsmethoden
Herausforderndes Verhalten	Verhaltens- und Situationsanalyse zur Ermittlung der Hintergründe eines Verhaltens Konkrete Maßnahmen für personenbezogene Interventionen wie etwa das Zur-Verfügung-Stellen von Kommunikationsmitteln Vereinbarung von Signalen bei hoher Anspannung Erstellen eines Krisenplans Auszeiten ermöglichen

2.3.2 Interventionen bei Mitschüler*innen

Einen weiteren Aspekt der Intervention bildet die Arbeit mit den Mitschüler*innen des/der betroffenen Schüler*in. Verschiedene Umstände im Unterricht bezogen auf den/die Schüler*in mit Autismus lösen Fragen und Unsicherheiten bei den Mitschüler*innen aus. Diese Unsicherheiten reichen von Irritationen auslösenden Verhaltensweisen des/der betroffenen Schüler*in bis hin zu verabschiedeten pädagogischen Maßnahmen, die Fragen aufwerfen, wie »Warum bekommt er/sie mehr Zeit für Aufgaben?«, »Warum wird ihm/ihr von einer erwachsenen Person geholfen?« etc. Dementsprechend kann eine Information/eine Aufklärung der Klasse von besonderer Relevanz sein, um mehr Akzeptanz und Verständnis in der Klasse zu schaffen. Dass die Aufklärung der Mitschüler*innen zu mehr Verständnis und zu einer besseren Qualität des Miteinanders führt, konnte durch Studienergebnisse belegt werden (vgl. Demes 2011, S. 153; Knorr 2012, S. 233).

Die Aufklärung der Klasse bedarf einer guten Vorbereitung und einer vertieften Erwägung hinsichtlich unterschiedlicher Fragestellungen und setzt stets voraus, dass sowohl die Eltern des/der Schüler*in mit Autismus als auch er/sie selbst mit der Aufklärung der Klassengemeinschaft einverstanden sind. Weitere Themen beziehen sich etwa auf die Fragen, ob der/die Schüler*in an der Aufklärung teilnimmt, welche Rolle er/sie dabei innehat, ob die Aufklärung Autismus als solchen oder eher die Diversität allgemein in den Fokus nimmt usw. Inzwischen existieren unterschiedliche hilfreiche Materialien für eine etwaige Klassenaufklärung, die neben expliziter Manuale/Programme für Klassenaufklärung Bücher oder andere Materialien umfassen (▶ Kap. 5).

Zu den bewährten Aufklärungsprogrammen zählen folgende Materialien:

- Klasseninformationsgespräche – mit Schulklassen über Autismus sprechen. Herausgeber: Bildungs- und Beratungszentrum Päda-

gogik bei Krankheit/Autismus Abteilung Autismusberatung, Hamburg 2022.
- Mit Grundschülern über Autismus reden – ein Bericht aus der Beratungspraxis. Ambulanz für den Förderschwerpunkt Autismus, Berlin-Wilmersdorf 2011.
- Infobrief Autismus Nr. 9 des Mobilen Sonderpädagogischen Dienstes des Staatsinstituts für Schulqualität und Bildungsforschung, München 2012.

Für leseaffine Schüler*innen kann zudem eine altersgerechte Literatur empfohlen werden, die ebenfalls geeignete Informationen bieten kann (vgl. Schreiter, 2014; Tschirren et al., 2015). Neben diesen und anderen Materialien und Programmen der Klassenaufklärung kann von positiven Erfahrungswerten aus schulinternen Projektarbeiten berichtet werden. So wurden in einer Projektarbeit mit zwei Klassen zweier Schulen in Bremerhaven[8] in Kooperation mit dem dort ansässigen Autismus-Therapiezentrum über 100 kurze Videosequenzen zur Entstehung von unterschiedlichen Gefühlen gedreht, die dann für autismustherapeutische Zwecke genutzt werden. In einem weiteren Projekt nahmen mehrere Klassen einer Bremerhavener Schule[9] an einer autismusspezifischen Aufklärung teil; darin wurden Situationen mit Missverständnissen zwischen Schüler*innen mit und ohne Autismus verschriftlicht und in kurzen Filmen präsentiert, an denen sowohl Schüler*innen als auch Lehrkräfte beteiligt waren. Auch diese Filme kommen in der Autismustherapie zum Einsatz. Diese Beispiele stehen für eine Form der Aufklärung, die keine*n bestimmte*n Schüler*in mit Autismus im Fokus hat, sondern das Thema im Allgemeinen und nicht direktiv-frontal behandelt. Im Mittelpunkt steht hier eher die aktive Auseinandersetzung aller

---

8 Die zwei Bremerhavener Schulen, die am Projekt mitgewirkt haben, sind das Lloyd Gymnasium und die Geschwister-Scholl-Schule. Die fachliche Begleitung und die Dreharbeiten wurden durch Martin Kemner verantwortet.

9 Dieses Projekt wurde initiiert und durchgeführt an der Paula-Modersohn-Schule in Bremerhaven und fachlich ebenfalls durch Martin Kemner begleitet.

2.3 Interventionen und Handlungsempfehlungen

Schüler*innen mit Teilaspekten des Autismus mit kreativen und künstlerischen Mitteln.

2.3.3 Lehrkräfte-bezogene Interventionen

Die pädagogische Arbeit des Schulpersonals ist ein wichtiges Element in der Unterstützung von Schüler*innen mit unterschiedlichen psychischen Besonderheiten. Die Pädagog*innen können verschiedene störungsimmanente Maßnahmen installieren, um diese Schüler*innen zu fördern und Ressourcen zu aktivieren (Castello, 2017). Die Bereitschaft der Aneignung von Wissen über Autismus ist eine wichtige Voraussetzung für die Arbeit von Lehrkräften mit Schüler*innen mit Autismus. Dies ist jedoch nur bedingt hilfreich, wenn Lehrkräfte Schüler*innen mit Autismus nicht mit Interesse, Neugierde und Offenheit begegnen. Im Schulalltag zeigt sich deutlich, dass die Beziehung zur Lehrkraft einen immensen Einfluss auf den Alltag von Schüler*innen mit Autismus hat und stark mit deren Funktionsniveau im Unterricht zusammenhängt. Dies wird ebenfalls im therapeutischen Kontext immer wieder bestätigt, indem Klient*innen aus dem Autismus-Spektrum die Wichtigkeit unterstreichen, dass sie und ihr Anliegen durch Lehrkräfte ernstgenommen werden (vgl. Nashef, 2015). Eine positive Einstellung der Lehrkräfte gegenüber Schüler*innen wirkt nachweislich positiv auf die Teilhabe von Kindern mit Behinderungen (Bui et al. 2010, S. 10).

Neben diesen zentralen Beziehungsaspekten ist die Reflexion eigenen Handelns im Zusammenhang mit einem/einer Schüler*in mit ASS sowohl hinsichtlich der Unterrichtsstruktur als auch der Kommunikation ein wichtiger Präventions- und Interventionsbaustein einer gelungenen Beschulung dieser Schüler*innen. In dieser Reflexion müssen viele Fragen gestellt werden, die im Folgenden beispielhaft skizziert werden:

- Wie gestaltet sich die Struktur meines Unterrichts als Lehrkraft? Bietet diese Struktur eine gute Orientierung für die Schüler*innen

2 Grundlagen pädagogischen Handelns

Abb. 2.3: Lehrkraftbezogene Aspekte gelungener Beschulung von Kindern mit ASS

mit Autismus/für alle Schüler*innen? Werden Differenzierungsformen und Lernmethoden autismusspezifisch angepasst (Schirmer, 2019)?
- Bin ich als Lehrkraft in der Regel berechenbar und verlässlich für meine Schüler*innen mit Autismus?
- Nutze ich eine direkte Sprache in der Kommunikation mit meinen Schüler*innen mit Autismus?
- Gebe ich dem/der Schüler*in mit Autismus eine präzise Rückmeldung über seine/ihre Leistung, sein/ihr Verhalten etc.?
- Berücksichtige ich etwaige Spezialinteressen meines/meiner Schüler*in? Sehe ich die Stärken und Ressourcen meines/meiner

2.3 Interventionen und Handlungsempfehlungen

Schüler*in im Sinne einer Empowerment-Perspektive (Theunissen, 2019)?
- Suche ich aktiv und nicht nur in Krisensituationen den Kontakt zu außer- und innerschulischen Personen und Institutionen, die in der Arbeit mit meinem/meiner Schüler*in mit Autismus eingebunden sind?
- Suche ich aktiv und auf Augenhöhe den Kontakt zu den Eltern meines/meiner Schüler*in und betrachte diese als Expert*innen für ihr Kind?

Fassen wir diese Themen zusammen, dann kommen neben der Einstellung/Haltung der Lehrkraft weitere wichtige Aspekte hinzu, welche die Didaktik und Struktur, die eigene Kommunikation, das Wissen, die Vernetzung/Zusammenarbeit mit anderen Fachleuten sowie die Kontaktgestaltung mit den Eltern umfassen (▶ Abb. 2.3).

2.3.4 Elternbezogene Interventionen

Eltern von Kindern mit ASS sind oft stark belastet und sehen sich nicht selten mit Vorwürfen und Unterstellungen ihres Umfelds konfrontiert. Oft stehen sie zudem unter Daueranspannung und einem höheren Stresslevel als andere Eltern (Solomon & Chung, 2012) und werden bisweilen gar von Institutionen aufgefordert, »sich endlich um ihr Kind zu kümmern.« Meist haben die Eltern zudem mit ihren Kindern einen langen diagnostischen und therapeutischen Weg bestritten, der nicht selten neben dem Zeitaufwand durch verschiedene Rückschläge gekennzeichnet ist. In der Gesellschaft müssen diese Eltern darüber hinaus oft mit Ablehnung und Isolation kämpfen. Diese Eindrücke aus dem klinischen Alltag werden ebenfalls von Seiten der Forschung bestätigt (vgl. Weishaupt et al., 2019).

Dieser Umstand macht es besonders wichtig, sich als Lehrkräfte auf die Eltern einzulassen, diesen den nötigen Raum zu geben, sich auf Augenhöhe mit ihnen auszutauschen und sie als Expert*innen in eigener Sache zu betrachten. Dementsprechend ist eine den Eltern entgegengebrachte Akzeptanz seitens der Lehrkräfte eine unbedingte Voraussetzung für eine tragfähige Beziehung, welche eine gute Zusammenarbeit erst ermöglicht (Cordes & Serapinas, 2019; Tröster & Lange, 2019). Regelmäßige Gespräche und Absprachen zwischen Lehrkräften und Eltern spielen eine nicht zu unterschätzende Rolle in der Förderung des Kindes mit ASS. Dass Eltern und Lehrkräfte an einem Strang ziehen, ist eine wichtige Voraussetzung erfolgreicher pädagogischer Interventionen und das abgestimmte Handeln beider trägt zu einem besseren Verständnis der Außenwelt seitens des Kindes mit Autismus bei. Die Eltern haben darüber hinaus Erfahrungen mit ihren Kindern und damit, welche Strategien Erfolg versprechend und welche weniger hilfreich sind, was sich oft als nützlich für den schulischen Kontext erweist. Insgesamt muss hierbei unterstrichen werden, dass eine Kontaktaufnahme zu den Eltern nicht ausschließlich in Krisensituationen erfolgen soll. Neben der Wichtigkeit kontinuierlicher Zusammenarbeit kann ein solches Vorgehen einen traumatisierenden Einfluss auf die Eltern haben, die in der Folge die Schule nur mit Krisensituationen assoziieren, was wiederum einer guten Zusammenarbeit nicht zugutekommt.

Neben den regelmäßigen Gesprächen zum Austausch von Erfahrungen und zum gegenseitigen Lernen im Sinne der bestmöglichen Förderung und der kontinuierlichen Anpassung der Fördermaßnahmen kann die Kontinuität des Kontakts auch über ein Informations- bzw. Kommunikationsheft gewährleistet sein. Kontakte im Rahmen von »Runden Tischen« und Hilfeplangesprächen runden die Kontaktmöglichkeiten ab und dienen der Planung bestmöglicher Förderung unter Beteiligung aller relevanten Akteure des Helfersystems. In Krisensituationen können und sollen ebenfalls kurzfristig Gespräche zur Weiterentwicklung und Abstimmung von Interventionen vereinbart werden. Besonders wichtig ist bei Schüler*innen mit Autismus die Vorbereitung von Übergängen, sodass es sich empfiehlt, gemeinsame Gespräche im Vorfeld solcher Übergänge zu initiieren. Zu den wichtigsten Übergängen gehören der Schuleintritt, der Klassenwechsel bzw. Lehrkraftwechsel, der Schulwechsel und die Beendigung der Schule.

2.3.5 Rahmenbedingungen und unterrichtsbezogene Hilfen

Dieser wichtige Abschnitt behandelt die äußeren Anpassungen, welche einen Rahmen schaffen, in dem der/die Schüler*in mit ASS seine/ihre Fähigkeiten am besten abrufen kann (▶ Abb. 2.4). Hierbei geht es um die Schaffung von Strukturen und Hilfen, die – nicht nur – autismussensibel sind, Schutz bieten und eine bessere Vorhersehbarkeit und Orientierung ermöglichen. (Die Themenkomplexe Nachteilsausgleich und Schulbegleitung werden in ▶ Kap. 2.3.6 und ▶ Kap. 2.3.7 separat behandelt.) Darüber hinaus geht es hierbei um das Vorhandensein von Konzepten für verschiedene Situationen wie etwa den Umgang mit Krisen, die Gestaltung von Übergängen etc. Abschließend ist es von besonderer Bedeutung, die Möglichkeiten fachbezogener Anpassungen und deren Implementierung zu erörtern.

Zu den äußeren Strukturen gehören die Berücksichtigung etwaiger sensorischer Besonderheiten des Kindes mit Autismus und die Einführung von entsprechenden Schutzmaßnahmen. Diese können etwa eine reizarme Gestaltung von Räumen sein, die Reduzierung von Geräuschen oder Änderungen von Lichtverhältnissen. Im Sinne des TEACCH-Modells kann der Klassenraum zudem in unterschiedliche Zonen eingeteilt werden wie etwa eine Ruhe- und Arbeitszone etc. Sowohl innerhalb als auch außerhalb des Klassenraumes empfiehlt sich zudem die Gestaltung von Rückzugsmöglichkeiten. Auch die Entscheidung über den Sitzplatz des/der Schüler*in muss genau überlegt und mit dem/der Betroffenen besprochen werden. Bei einzelnen Schüler*innen können zudem sogenannte Noise-Cancelling-Kopfhörer Anwendung finden.

Ausgehend von visuellen Stärken von Menschen mit Autismus und der Wichtigkeit, den komplexen Schulalltag mit seinen unterschiedlichen Facetten möglichst vorhersehbar zu gestalten, ist es

2 Grundlagen pädagogischen Handelns

Abb. 2.4: Elemente der äußeren Anpassung der Rahmenbedingungen

ratsam, unterschiedliche Aspekte durch Pläne und Bilder zu verdeutlichen. Dies umfasst etwa die Funktion der unterschiedlichen Räume in der Schule, die sowohl mit Sprache als auch mit Bildern verdeutlicht werden können und sollen. Überlegenswert ist zudem die Installierung eines bebilderten Schildsystems zur besseren Orientierung. Ebenfalls können visualisierte Abläufe in unterschiedlichen Kontexten hilfreich sein (z. B. Stunden- und Raumplan). Dies gilt ebenfalls für die Gestaltung des Unterrichts, indem etwa die Struktur des Unterrichts mit den unterschiedlichen Bausteinen wiederkehrend gestaltet wird.

Theunissen und Sagrauske (2019, S. 139 ff.) beschreiben die empfohlene »Kontextgestaltung« des Klassenraumes und teilen diese Gestaltung in drei Bereiche: räumliche Bedingungen und Hilfsmittel, strukturierte Lernumgebungen und Ressourcenräume. Im Bereich der räumlichen Bedingungen kommen verschiedene sensorische

2.3 Interventionen und Handlungsempfehlungen

Bereiche sowie Lösungsmöglichkeiten zur Sprache (z.B. Einsatz von Hilfsmitteln, Klassenarbeiten in einem Nebenraum, Sitzplatz im Kontext von sensorischer Hypersensibilität). Die strukturierte Lernumgebung umfasst sowohl den Arbeitsplatz als auch den Klassenraum insgesamt, etwa in Form einer Aufteilung in unterschiedliche Arbeitsformate in verschiedenen Ecken des Klassenraumes. Hierzu können Elemente aus dem TEACCH-Modell hilfreich sein. Die Etablierung von Ressourcenräumen kann mehrere Zwecke erfüllen, wie die Reizreduzierung, die Arbeit in kleinen Gruppen oder die Beschäftigung mit Interessenthemen.

Neben diesen Strukturaspekten ist es wichtig, konzeptionell auf den Umgang mit Krisensituationen vorbereitet zu sein. Im Zusammenhang mit akuten Krisensituationen wie etwa herausfordernden Reaktionen des/der Schüler*in ist es von hoher Relevanz, bereits einen Plan zum Umgang mit der Krise zu haben. Obgleich eine Krise mit einer hohen emotionalen Aufregung einhergeht, bietet sie im Nachgang immense Lernmöglichkeiten an. Eine Krise ist insofern auch eine Chance, da sie Beobachtungs- und Verhaltensdaten für künftige Situationen liefert und sich im Nachgang mit dem/der Schüler*in reflektieren lässt. Mit Hilfe neugewonnener sowie bereits bekannter Daten lassen sich Handlungsleitfäden für künftige Krisen erstellen. Hierbei sind folgende Aspekte von zentraler Bedeutung und müssen im Krisenmanagement beachtet werden:

- Welche Frühwarnsignale sind bei dem/der Schüler*in bekannt?
- Welche konkrete Person widmet sich während der akuten Krisensituation dem/der Schüler*in mit Autismus?
- Welche Person/Personen kümmern sich um die Klasse?
- Welche Interventionen bei dem/der Betroffenen erwiesen sich in der Vergangenheit als hilfreich? Welche nicht?
- Von welchen Formen der Interventionen muss unbedingt abgesehen werden (z.B. Körperkontakt)?
- Gibt es einen geeigneten Beruhigungsraum, der sich in der Nähe des Klassenzimmers befindet?

Nicht unerwähnt bleiben soll, dass sich die obige Beschreibung einer Krise auf eine enge Definition bezieht, welche einen externalisierenden Ausbruch darstellt. Gewiss kann eine Krise unterschiedliche Formen annehmen, auch solche, die nach innen gehen und sich etwa in Stimmungsänderungen oder somatischen Beschwerden offenbaren. Von zentraler Bedeutung bei »internalisierten« Krisen sind die Aufmerksamkeit und die Weitergabe von Informationen seitens des Schulpersonals an die Sorgeberechtigten.

Abschließend sollen Interventionen am Beispiel einiger Schulfächer ausgeführt werden. Die Berücksichtigung von auf Autismus zurückzuführenden Besonderheiten bei den betroffenen Schüler*innen bildet einen wichtigen Aspekt einer adäquaten Unterrichtung dieser Schüler*innen, denn autismusspezifische Einschränkungen können die Bearbeitung bestimmter Aufgabenstellungen erheblich erschweren, wenn nicht gar unmöglich machen. So können bei der Interpretation von literarischen Texten autismusimmanente Grenzen erreicht werden, was einen vorbeugenden Umgang damit notwendig macht. Dies kann z. B. mit der Auswahl geeigneter Sachtexte, Übersetzung von abstrakten Formulierungen, Synthese eines Textes nach Wichtigkeit der Inhalte oder durch Zeitaufschläge erfolgen. Im Fach Mathematik können Textaufgaben eine Herausforderung für diese Schüler*innen darstellen, sodass etwa eine Markierung des Wesentlichen vorteilhaft sein kann. Auch die Berücksichtigung motorischer Schwierigkeiten und die Herausforderungen bei impliziten Botschaften vor allem bei Mannschaftssportarten im Sportunterricht ist eine wichtige pädagogische Aufgabe, die einer entsprechenden Vorbereitung bzw. Ersatzleistungen bedarf. Mögliche fächerspezifische Hilfen können Tabelle 2.4 entnommen werden, diese können als Nachteilsausgleiche beschlossen werden.

2.3 Interventionen und Handlungsempfehlungen

Tab. 2.4: Fächerspezifische Hilfen

Fach	Unterstützungsbeispiele
Deutsch und Fremdsprachen	Zusätzliche Bearbeitungszeit Strukturierung der einzelnen Aufgaben Markierung wichtiger Stellen Erklärung/Anleitung zum Text Strukturierung und Visualisierung von mündlichen Aufgaben Fragen präzise und ohne Metaphern formulieren Sachtexte präferieren
Mathematik	Textaufgaben auf das Wesentliche reduzieren Eigene Lösungswege ermöglichen Strukturierungshilfen anbieten
Naturwissenschaften	Sensorische Reize etwa durch Materialien reduzieren Raum für etwaig vorhandene Spezialinteressen geben
Gesellschaftswissenschaften	Strukturierung und Visualisierung von mündlichen Diskussionen Ggf. Ersatzleistungen zu mündlichen Diskussionen anbieten
Musik	Sensorische Überreizung beachten Etwaiges Teilinteresse miteinbeziehen Regel hinsichtlich der Möglichkeit einführen, den Raum jederzeit zu verlassen
Sport	Ggf. Alternativen zu Mannschaftssportarten anbieten Situationen vermeiden, in denen sich Schüler*innen mit Autismus unwohl fühlen Die einzelnen Rollen/Funktionen bei Mannschaftssportarten festlegen Sensorische Besonderheiten, etwa Körperkontakt, beachten
Kunst	Klare Anleitung zu den Aufgaben Sensorische Reize berücksichtigen und ggf. reduzieren

2.3.6 Nachteilsausgleich(e)

Zu den schulisch verankerten und weitverbreiteten Maßnahmen, um Einschränkungen etwa durch eine vorliegende Behinderung auszugleichen, gehören die Einführung und Festlegung von Nachteilsausgleichen bei dem/der betroffenen Schüler*in (vgl. Stucki & Eckert, 2023). Es besteht eine ganze Batterie an möglichen Nachteilsausgleichen, die unterschiedliche Themenbereiche umfassen und die niemals im Sinne eines Automatismus für alle Schüler*innen mit ASS zu begreifen sind. Schlussendlich geht es um den/die konkrete*n Schüler*in und um die individuell zu verstehende Frage nach den auf Autismus zurückzuführenden Einschränkungen, welche ausgleichende Hilfen erforderlich machen. Diese Nachteilsausgleiche können beispielsweise Ersatzleistungen, Zeitzuschläge, unterrichtsbezogene Modifikationen, Pausenregelungen etc. umfassen. In der Regel wird ein Nachteilsausgleich von den Eltern beantragt und in einer Klassenkonferenz beschlossen. Insgesamt ist zu beachten, dass die rechtlichen Regelungen sich je nach Bundesland unterscheiden.

Angesichts der starken Ablenkbarkeit und des reduzierten Arbeitstempos bei einigen Schüler*innen mit ASS können Zeitzuschläge etwa bei Klassenarbeiten hilfreich sein. Zu den unterrichtsbezogenen Nachteilsausgleichen wurden bereits unter dem Abschnitt »Rahmenbedingungen und unterrichtsbezogene Interventionen« ausführliche Möglichkeiten genannt, die in den einzelnen Fächern Berücksichtigung finden können. Auch bezüglich der Pausensituation, die für viele Schüler*innen mit ASS z.b. im Zusammenhang mit dem Reizreichtum dieser Situation eine große Herausforderung sein kann, können kreative Lösungen vereinbart werden wie die Erledigung sinnvoller Aufgaben in den Pausenzeiten oder der Verbleib in reizgeschützten Räumen. Insgesamt kann das Zur-Verfügung-Stellen von Rückzugsräumen per se, auch ohne die konkrete Nutzung dieser Räume, zu einer Anspannungsreduzierung dieser Schüler*innen beitragen. Um die Praktikabilität der Einführung und Prüfung von Nachteilsausgleichen zu erhöhen, empfiehlt es sich, dass Lehrkräfte über eine allgemeine und handhabbare Vorlage verfügen, die etwa im

2.3 Interventionen und Handlungsempfehlungen

Hilfestellungen für die Unterrichtsgestaltung und Formen des Nachteilsausgleichs
für Schülerinnen und Schüler mit Autismus-Spektrum-Störung
(ASS)

Für die/den Schüler:in: _____ Vereinbart am: _____

für das Schul(halb)jahr: _____

I. Organisation des Schulalltags

Handlungsfelder	Beispiele-Strukturierungshilfen	Was ist wichtig?/ Wer ist verantwortlich?
Schulgebäude	- Lagepläne - besondere Markierungen der Räume - Information über Raumwechsel gesondertes Raumangebot bei - Klassenarbeiten, Klausuren und Prüfungen	
Rückzugsmöglichkeiten	- Ruheraum, Ruhebereich, Rückzugsraum bei Reizüberflutung - positive Auszeiten auf dem Schulhof (in Begleitung)	
Pausen	- Pausengestaltung, -strukturierung - alternative Räumlichkeiten anbieten, wie Klassenraum, Bibliothek	

Abb. 2.5a: Erste Seite der Vorlage zur individuellen Festlegung eines Nachteilsausgleichs (ReBUZ Bremerhaven und ATZ Bremerhaven)

Rahmen von Gesprächen mit den Eltern und weiteren beteiligten Akteuren Anwendung finden kann. Solch eine Vorlage wurde z. B. gemeinsam durch das ReBUZ und das Autismus-Therapiezentrum, beide in Bremerhaven ansässig, erstellt (▶ Abb. 2.5 a und ▶ Abb. 2.5 b).

2 Grundlagen pädagogischen Handelns

Stundenplan	- Handlungsplan für Freistunden - Zeit für Reflexion einplanen	
Sitzplatz	- Wahl des Sitzplatzes innerhalb eines Unterrichtsraums nach den besonderen Bedürfnissen (ganz vorne, ganz hinten, in der Nähe der Tür) - strukturiert, gleichbleibend, reizfrei (abgeschirmter Platz z. B. durch Sichtblende)	
Arbeitsplatzorganisation und individuelle Ordnungssysteme	- Ablagesystem individuell anpassen - Strukturierung des Arbeitsplatzes - farbige Fächer oder Mappen	
Tagesstruktur	- Rituale/Beginn und Ende von Arbeitsphasen kenntlich machen - Wochen- und Tagespläne - Veränderungen im Tagesablauf vorausschaubar machen - Raumwechsel vermerken - Hausaufgabenheft - Ablaufschemata	
Methodische Aspekte	Sozialform - anpassen von Gruppenarbeitssituation an die individuellen Möglichkeiten (z. b. einen Teil aus der Gesamtaufgabe in Einzelarbeit gestalten und sie anschließend der Gruppenarbeit hinzufügen) - Wahl des Partners (Partnerarbeit anstelle von Gruppenarbeit)	

Abb. 2.5b: Zweite Seite der Vorlage zur individuellen Festlegung eines Nachteilsausgleichs (ReBUZ Bremerhaven und ATZ Bremerhaven)

2.3.7 Schulbegleitung

Neben der Möglichkeit eines Nachteilsausgleichs haben Kinder mit ASS bei entsprechender Indikation einen Anspruch auf eine Schulbegleitung. Die Schulbegleitung durch eine pädagogische Fachkraft, die in den Bundesländern und auch in verschiedenen Landkreisen unterschiedlich bezeichnet wird,[10] kann bei nicht wenigen Schüler*innen mit ASS aufgrund des Symptomgefüges und der Notwendigkeit einer Außensteuerung erforderlich sein. Ähnlich wie bei den Nachteilsausgleichen ist es wichtig, auch im Sinne des Kindeswohls, dass keine Automatismen entstehen, sondern der Einsatz einer Schulbegleitung nur bei vorliegender Indikation erfolgt, und die Aufgaben der Schulbegleitung für das einzelne Kind trennscharf definiert und beschrieben werden. Die Unterstützung eines Kindes mit ASS durch eine Schulbegleitung in Bereichen, die das Kind gut beherrscht, wäre ein falsches Signal an das Kind und hätte keinen inklusiven, vielmehr exklusiven Charakter. Ungeachtet dessen kann eine Schulbegleitung in vielen Fällen unerlässlich sein (vgl. Lindmeier et al., 2024).

In der Regel erfolgt die Beantragung einer Schulbegleitung durch die Eltern und wird analog durch die Schule mit einer entsprechenden Stellungnahme unterstützt. Hierbei müssen die Unterstützungsbedarfe klar definiert, in regelmäßigen Abständen im Rahmen von Hilfeplanverfahren besprochen und die Notwendigkeit der Fortsetzung der Begleitung geprüft werden. In neuster Zeit werden Poolinglösungen erprobt, die als Dernier Cri in der Praxis der Schulbegleitung gelten; dabei wird ein Pool an Schulbegleitungen für eine Schule festgelegt und die Hilfen werden als Bestandteil inklusiver pädagogischer Konzepte im Sinne des Bundesteilhabegesetzes (BTHG) verstanden (z. B. Landkreis Cuxhaven oder die Stadtgemeinde Bremen). Die Hintergründe dieser Entwicklung scheinen sowohl mit den gestiegenen Antragszahlen und dem fehlenden Personal als auch

---

10 Weitere Bezeichnungen für Schulbegleitung sind z. b. Persönliche Assistenzen, Inklusionshelfer*innen, Teilhabeassistenz.

mit dem Umstand zu tun zu haben, dass diese für den Einzelfall angedachten Hilfen teilweise zu einer inflationären Zunahme der Anzahl von Erwachsenen in einer Klasse geführt haben, die ein unnatürliches Klassenbild mit sich bringt. Auch im Land Bremen startete im Schuljahr 2022/2023 die Pilotphase der »systemischen Lösung«, bei der weiterhin individuelle Anträge gestellt werden können, die Leistung sich dann aber auf mehrere Schüler*innen bezieht. Insgesamt ist (mehr) Forschung zum Themenfeld »Schulbegleitung« und zu neuen Modellen in vielerlei Hinsicht unbedingt erforderlich: Indikation, Standards, Wirksamkeit und Wirkfaktoren etc.

Wenn wir von den Aufgaben einer Schulbegleitung sprechen, ist es stets wichtig, auch die Bereiche, die nicht unter die Aufgaben der Schulbegleitung fallen, in den Fokus zu nehmen. Eine Schulbegleitung hat weder die Aufgabe, das Kind zu unterrichten, noch es in der Freizeit zu begleiten. Es geht in erster Linie um den Schutz des Kindes und um eine syndromimmanente Hilfestellung im Sinne des Ausgleichs der durch Autismus resultierten Einschränkungen. Dieser Schutz kann sich auf sozioemotionale, kommunikative und sensorische Elemente beziehen. Hierbei kann und soll die Schulbegleitung als Dolmetscher*in nach innen und nach außen agieren, indem sie dem/der Schüler*in mit Autismus etwa soziale und kommunikative Begebenheiten erläutert, aber ebenso die Bedürfnisse des/der Schüler*in mit Autismus nach außen kommuniziert.

Autismus Deutschland (2021) fasst das Arbeitsfeld der Schulbegleitung in sechs Rollen zusammen: Autismusexpert*in, Strukturgeber*in, Dolmetscher*in, Vertrauensperson, Netzwerker*in und Konfliktschlichter*in. Als Autismusexpert*in nimmt die Schulbegleitung die Perspektive des Kindes mit ASS ein und operationalisiert diese nach innen und nach außen, etwa durch Aufklärung, Erläuterung der Gefühle anderer und Kommunizieren von Prioritäten. Strukturen zu geben ist nicht nur die genuine Aufgabe der Schulbegleitung; besonders im Falle von Kindern mit ASS spielen Strukturen eine ganz zentrale Rolle und umfassen diverse Bereiche, die im Folgenden exemplarisch skizziert werden:

2.3 Interventionen und Handlungsempfehlungen

- Zeitliche Strukturierung
- Räumliche Strukturierung und Orientierungshilfen
- Strukturierung von Aufgaben
- Einführung von Ordnungskriterien und Visualisierung dieser
- Erstellung von diversen Handlungsplänen.

Zur Dolmetscherfunktion gehören unterschiedliche Aufgaben wie die Vermittlung sozialer Regeln, die Erklärung von Situationen oder Unterstützung bei der Kontaktaufnahme. In der Alltagspraxis zeigt sich zudem deutlich die Wichtigkeit der Verfügbarkeit einer Vertrauensperson, an die sich das Kind wenden kann. Dies setzt selbstredend voraus, dass eine gute und tragfähige Beziehung zum Kind besteht. Besteht solch eine Grundlage, ist die Wahrscheinlichkeit höher, dass sich das Kind trotz syndrombedingter Kommunikationsgrenzen die Unterstützung bei der Schulbegleitung sucht. Dass alle über denselben Informationsstand verfügen, bedarf nicht selten im Schulalltag der Optimierung. Hier kann die Schulbegleitung als hilfreiche Schnittstelle zwischen allen Akteuren fungieren: Eltern, Schule und andere relevante Personen im Helfersystem wie etwa Therapeut*innen.

Abschließend muss die Rolle der Konfliktschlichter*innen erwähnt werden, die prinzipiell eine Schutzfunktion übernehmen. Dieser Schutz kann vielfältig sein. So ist die schnelle Überreizung bei Menschen mit Autismus im Zusammenhang mit sensorischen und anderen Reizen eine häufige Erscheinung, sodass hier ein vorbeugender Umgang zentral erscheint. Schutz bezieht sich ebenfalls auf Eskalation, Mobbing, Ausnutzen usw.

Obgleich der Fokus der letzten Zeilen auf den unterschiedlichen Aufgabenbereichen der Schulbegleitung lag, bleibt das zentrale und übergeordnete Ziel der Begleitung das Erreichen einer maximalen Teilhabe und einer höchstmöglichen Selbstständigkeit für den/die Schüler*in mit Autismus. Somit stehen alle genannten Aufgaben in der Alltagspraxis im Dienste dieser Ziele, die sich als das Sich-selbst-überflüssig-Machen der Begleitperson zusammenfassen lassen.

3 Fallvignetten

Die Darstellung von und die Auseinandersetzung mit Fallvignetten bietet ein Lernangebot aus der Praxis und bildet das Bemühen ab, Wissenschaft und pädagogische Alltagspraxis näher zueinander rücken zu lassen. Hierbei wird der Komplexität alltäglicher Erfahrungswerte – wie bei kaum einem anderen methodischen Zugang – Rechnung getragen. Es handelt sich hierbei um die Integration von »wissenschaftlichem Wissen, Erfahrungswissen und Kontextwissen sowie praktischem Handlungswissen« (Wilkes & Stark, 2022, S. 289; vgl. auch Stark, 2017). In der Autismus-Literatur finden sich verschiedene Formen des Heranziehens von Fallvignetten. Neben Fallbeispielen in der Fachliteratur, welche in der Regel einen bestimmten Aspekt in den Blick nehmen (vgl. Arens-Wiebel, 2019; Kamp-Becker & Bölte, 2021) oder einen Fall als Ganzes behandeln (vgl. Girsberger, 2015; Häußler et al., 2021), hat sich eine Innensichtliteratur von Betroffenen etabliert, die entweder genuin autobiografisch ist oder eine Mixtur aus wissenschaftlichen Konzepten und alltäglichen Erfahrungen artikuliert (vgl. Preißmann, 2018; Huber, 2020).

Ohne den Gewinn durch Fallvignetten in aller Ausführlichkeit zu demonstrieren, soll an dieser Stelle ein erfahrungsbasierter Aspekt aus dem schulbezogenen Beratungskontext nicht unerwähnt bleiben: Fallvignetten haben das Potenzial, aufzuzeigen, dass Präventionen und Interventionen 1. nicht nur für Schüler*innen mit Autismus hilfreich sind (und sein dürfen) und 2. mit weniger Aufwand als erwartet bzw. gar befürchtet einhergehen. Unter Berücksichtigung der von den Lehrkräften selbst angegebenen zwei größten Herausforderungen für sie (Verhalten der Schüler*innen und Arbeitsbelastung) (Robert Bosch Stiftung, 2023) verdienen diese Aspekte eine über eine Fußnote hinausgehende Beachtung. Die im Folgenden vorgestellten vier Fallvignetten umfassen ein Repertoire an Schüler*innen mit Autismus, die sich in Alter, Geschlecht und Entwicklung unterscheiden, und offenbaren verschiedene Handlungsempfehlungen, bei denen vor allem die Besonderheiten des Einzelfalles im Mittelpunkt stehen.

3.1 Paul[11]

3.1.1 Ausgangslage und Fragestellung

Unversehens gerät Paul während des Matheunterrichts außer sich: Er steht auf, schreit, kippt seinen Tisch um, verlässt die Klasse und knallt stürmisch die Klassenzimmertür. Er verlässt das Schulgebäude und zertrümmert auf seinem Weg nach draußen mehrere an der Wand hängende Bilderrahmen. Die Schulleitung spricht ihn direkt nach diesem Vorfall auf dem Schulhof an und bittet ihn in ihren Raum. Auch nimmt sie Kontakt zu den Eltern auf und bittet diese, Paul von der Schule abzuholen. Die Schule entscheidet sich anschließend, Paul bis zur Klärung des Sachverhalts vom Schulbesuch zu suspendieren.

Insgesamt berichten die Lehrkräfte einhellig von einer hohen Anspannung Pauls, die sich bisweilen im Unterricht durch das Zittern am ganzen Körper, Passivität und Tatenlosigkeit bei Klassenarbeiten, fehlende Reaktionen auf Ansprache und das häufige Kopfablegen auf dem Tisch präsentiert. Ebenfalls lässt sich in Erfahrung bringen, dass die Schulleitung ein gutes Verhältnis zu Paul hat und Pauls Fachkompetenz besonders schätzt. Sie wolle Paul zwar gerne unterstützen, sei aber »am Ende mit ihrem Latein«. Die Schüler*innen und zum Teil die Lehrkräfte hätten Angst vor Paul. Obgleich Paul seine Mitschüler*innen bis dato noch nie körperlich angegriffen habe, könne

---

11 Um die Anonymität zu gewährleisten, werden sowohl die Namen der Schüler*innen als auch Teile der Schilderungen/der Informationen, die für die Fallbesprechung unwesentlich sind und auf die hier behandelten Schüler*innen zurückführen könnten, geändert.

sie es nicht verantworten, dass andere Mitschüler*innen unter Umständen zu Schaden kämen. Inzwischen hätten sich sogar erste Eltern von Klassenkamerad*innen bei ihr gemeldet und ihre Sorgen zum Ausdruck gebracht.

Die Schulleitung und der Klassenlehrer nehmen die aktuellen Umstände und das Verhalten Pauls zum Anlass, um einen Austausch mit den Eltern, dem Schüler, dem örtlichen Jugendamt und dem zuständigen Therapeuten zu suchen. Im Zentrum stehen hierbei die Hintergründe des Verhaltens von Paul sowie geeignete pädagogische Maßnahmen für eine Erfolg versprechende Beschulung und eine emotionale Entlastung Pauls.

3.1.2 Informationen zum Schüler/pädagogische Diagnostik

Paul ist 15 Jahre alt und besucht die neunte Klasse eines Gymnasiums. Er lebt mit seinen Eltern und drei älteren Schwestern in einem Einfamilienhaus. Paul verbringt viel Zeit in seinem Zimmer, spielt oft Online-Spiele mit Gleichaltrigen, die er inzwischen gut kennt, die jedoch weit entfernt wohnen, sodass ein persönliches Kennenlernen nicht erfolgt. Sowohl Paul als auch seine Eltern bezeichnen ihn als »Nachteule«: Er gehe erst sehr spät nachts bzw. gar früh morgens ins Bett, gelegentlich mache er nachts Spaziergänge im angrenzenden Wald. Auch geben die Eltern an, dass Paul »unsicher« sei, immer »auf Nummer sicher gehen« wolle und entsprechend extrem viele Fragen zu unterschiedlichen Sachverhalten stelle. Paul selbst verrät, dass er tagsüber zwecks Reizreduzierung die Rollos in seinem Zimmer geschlossen halte. Spottend kommentiert er dies damit, dass ein Psychiater ihm deshalb eine Depression habe bescheinigen wollen.

Nach Auskunft der Eltern sei die Schulsituation von Paul immer schwierig gewesen; auch heute komme er noch sehr erschöpft von der Schule nach Hause zurück. Anrufe von Seiten der Schule mit der Bitte, ihren Sohn abzuholen, seien an der Tagesordnung. Sie als Eltern seien mit solchen Anrufen bereits seit Pauls Einschulung vertraut. Hierbei gehe es immer um sein Verhalten in der Schule; sie würden dieses Verhalten als eine sehr hohe Anspannung beschreiben, die dazu führe, dass sein Körper gänzlich zittere, er nicht mehr ansprechbar sei und bisweilen dann explodiere, weglaufe und Gegenstände beschädige. Vor vielen Jahren haben sie sich gefragt, ob es sich bei dem extremen Zittern um einen epileptischen Anfall handle, dies sei jedoch inzwischen fachärztlich ausgeschlossen worden. Insgesamt haben sie in der Vergangenheit viele Fachärzt*innen und Psycholog*innen aufgesucht, ohne dass sie ein klares diagnostisches Ergebnis erhalten hätten. Erst vor einem Jahr habe ein Kinder- und Jugendpsychiater die Diagnose eines Asperger-Syndroms festgestellt. Im Rahmen der dortigen Untersuchung wurde Paul zudem eine Hochbegabung attestiert.

Neben den Informationen von Paul und seinen Eltern sowie den vorliegenden anamnestischen Daten können weitere Auskünfte in Gesprächen mit dem relevanten Kollegium sowie mit Pauls zuständigen Therapeuten gewonnen werden. Im Austausch mit dem Kollegium ergibt sich ein insgesamt homogenes Bild: Alle berichten von der sichtbaren Anspannung Pauls, unterstreichen aber zugleich imponierende Momente, während derer Paul ungeachtet seiner gewöhnlichen Teilnahmslosigkeit im Unterricht bei seltenen mündlichen Beiträgen an Präzision kaum zu übertreffende Antworten generiere. Zum weiteren Vorgehen geben die Lehrkräfte an, dass an Paul gerichtete Gesprächsangebote bisher nicht erfolgreich verlaufen seien. Es wird demnach in den gemeinsamen Gesprächen eruiert, wer mit Paul das Gespräch suchen sollte. Alle nehmen das gute Verhältnis der Schulleitung zu Paul wahr, kommen aber zum Schluss, dass das Gespräch bevorzugt außerhalb der Schule in einem geschützten Rahmen erfolgen sollte. Da Paul wöchentlich Therapietermine wahrnimmt und in einer guten Arbeitsbeziehung zu seinem Therapeuten steht, entscheidet das Kollegium, den Therapeuten zu fragen, ob die Klärung im therapeutischen Raum stattfinden kann.

Der Austausch zwischen der Schule und dem Therapeuten übermittelt wichtige Hinweise, die anschließend in den Therapiesitzungen aufgegriffen werden können. Zunächst ist es wichtig, die Rückkehr in die Schule nach der Suspendierung vorzubereiten. Hierzu findet ein gemeinsames Gespräch mit der Schulleitung, den Eltern und Paul statt, in dem eine stufenweise Rückkehr vereinbart werden kann. Im Gespräch kristallisiert sich heraus, dass Paul besonders gerne den Chemieunterricht besucht, mit seiner Chemielehrerin ein gutes Verhältnis pflegt und die Chemiestunden direkt morgens stattfinden, sodass dieses Fach günstig für einen Wiedereinstieg in die Schule ist. Eine schnelle Entscheidung und Umsetzung – auch bevor eine Gesamtklärung erreicht wird – ist hierbei deshalb zentral, da eine rasche erneute Teilnahme am Unterricht und das Vermeiden der Verselbstständigung des Fernbleibens einem etwaig sich bildenden Schulabsentismus entgegenwirken sollte. Die Vertiefung in den therapeutischen Gesprächen hinsichtlich Pauls Verhalten in der Schule dient hingegen dem Verstehen der Hintergründe seines Verhaltens als Ausgangspunkt etwaiger pädagogischer Handlungsmöglichkeiten. Im Folgenden werden die Erkenntnisse aus diesen Gesprächen skizziert, die sodann die Basis für die gemeinsame Planung des weiteren Vorgehens in der Schule bilden.

Paul ist ausgesprochen wortgewandt und kann Sachverhalte mit einem hohen Differenzierungsgrad darlegen; dies wird jedoch nur im geschützten, vertrauensvollen und vor allem reizreduzierten Rahmen realisiert. Paul bezeichnet sich selbst als reizoffen und als anfällig für Störungen. Verschiedene Gegebenheiten führten nach seiner Auskunft zu einer hohen Anspannung mit einer emotionalen und motorischen Aufregung, wobei folgende Aspekte eine zentrale Rolle spielten: keine maximale Note in einem Fach zu erhalten, innerer Druck hinsichtlich des von ihm selbst erwarteten Verhaltens, unerwartete und unvorhersehbare Veränderungen, sensorische Überreizung (auditiv und visuell) und inhaltliche Fehler durch andere Personen (z.B. wenn sich der/die Lehrer*in an der Tafel verrechnet). Dieses Narrativ, vor allem im Zusammenhang mit der inneren Erwartungshaltung und den durch Paul eingesetzten Strategien, stimmt mit den Ergebnissen in den Paul vorgelegten »NEO-Fünf-Faktoren-Inventar nach Costa und Mc Crae« (Borkenau & Ostendorf, 2008) und »Fragebogen zur Erhebung der Emotionsregulation bei Kindern und Jugendlichen (Grob & Smolenski, 2009) überein. So erzielt Paul im

NEO-FFI, das individuelle Merkmalsausprägungen in unterschiedlichen Bereichen erfasst, extreme Werte in den Skalen Gewissenhaftigkeit (PR = 1,44) und Neurotizismus (PR = 97,94), während er Gebrauch vor allem von »depressiven« Strategien im FEEL-KJ wie »Aufgeben«, »Rückzug« und »Selbstabwertung« macht.

Paul beteuert in den Gesprächen, wie stark er um ein Hinnehmen und Aushalten der beschriebenen und für ihn herausfordernden Situationen und das Meistern dieser Augenblicke, ohne zu »explodieren«, bemüht sei. Nach dem Zeitpunkt bzw. dem Aufregungsniveau gefragt, bei dem er den Unterricht verlässt, markiert er auf einer Anspannungsskala von 1–10 die Zahlen 9 und 10. Somit lässt sich dieser Umstand so interpretieren, dass er den Unterricht erst dann verlässt, wenn »das Kind in den Brunnen gefallen« ist und er bereits externalisierende und sachschädigende Verhaltensweisen zeigt.

3.1.3 Pädagogische Intervention

Wie bei jeder anderen Fallvignette auch wird hier evident, dass eine Intervention, die ausschließlich eine Person oder ein Gefilde in den Fokus nimmt, nicht zielführend sein kann. So müssen für die therapeutische Anleitung Pauls und für Vereinbarungen mit ihm äußere Rahmenbedingungen bzw. deren etwaige Modifizierungen bedacht werden. Demzufolge ist es von zentraler Bedeutung, Interventionen mit Bezug zu den unterschiedlichen Zusammenhangsbereichen zu implementieren und diese Interventionen in Beziehung zueinander zu setzen. Im Sinne der Übersichtlichkeit werden diese Interventionen im Folgenden in einzelne Bereiche unterteilt, wobei die Trennung der Bereiche als eine rein künstliche und auf didaktische Erwägungen zurückzuführende Gliederung zu verstehen ist.

Schülerbezogene Interventionen

Wie bereits oben beschrieben, wird zunächst mit der Schule und mit Paul vereinbart, dass er umgehend in die Schule zurückkehrt und zwecks der Erleichterung des Einstiegs zunächst nur den Chemieunterricht besucht. Darüber hinaus muss anhand der vorliegenden Daten eine mittel- und langfristige Perspektive für Paul in der Schule entworfen und implementiert werden. Die von Paul selbst genannten Herausforderungen erweisen sich als ausgesprochen hilfreich für die künftige pädagogische Strategie. Neben teils beeinflussbaren Variablen wie etwa die sensorische Situation gilt es, persistierende persönliche Merkmale in den Fokus zu nehmen und mit Paul einen diesbezüglichen Konsens zu finden. Den Umstand, dass »Störungen« nicht vollkommen ausgeschlossen werden können, kann Paul in therapeutischen Gesprächen nachvollziehen. Folgend bleibt die Frage essentiell, wie Paul mit etwaigen Störungen alternativ auf angemessene Weise umgehen kann. Auch hier werden in kontinuierlichen therapeutischen Gesprächen die körperlichen und psychischen Merkmale steigender Anspannung herausgearbeitet und in Beziehung zu einer numerischen Skala gesetzt, um den Zeitpunkt eines vorübergehenden Ausstiegs aus dem Klassengeschehen festzulegen. Die gemeinsame Entscheidung lautet, dass ein Anspannungsniveau von »6« auf einer 1–10-Skala (▶ Abb. 3.1) der geeignete Zeitpunkt ist, um das Klassenzimmer zu verlassen. Sowohl für die Festlegung des Anspannungsniveaus als auch für das begleitete Verlassen des Klassenzimmers in Anspannungssituationen steht Paul von nun an die neu eingesetzte Schulbegleitung unterstützend zur Seite. Als außenstehende pädagogische Fachkraft wird ebenfalls die Schulbegleiterin mit Hilfe des Therapeuten und Paul selbst darin geschult, Pauls Anspannungsniveau während des Unterrichts zu »überwachen«. Ebenfalls wird mit Paul und seiner Schulbegleiterin in Abstimmung mit der Schule das Vorgehen nach dem Verlassen des Klassenzimmers besprochen. So wünscht Paul, dass seine Schulbegleiterin ihn bis zum Rückzugsraum begleitet, er sich aber dann allein ohne die Schulbegleitung im Raum aufhalten kann.

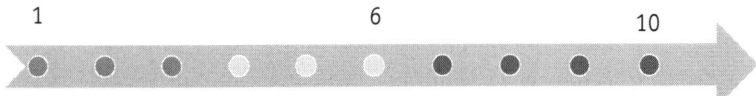

Abb. 3.1: Skala des Anspannungsniveaus

Schulbezogene Interventionen

Die schulinterne Koordination der im vorausgegangenen Abschnitt skizzierten schülerbezogenen Interventionen ist eine wesentliche Voraussetzung für eine Erfolg versprechende Umsetzung. So stellt die Schule einen sogenannten Rückzugsraum zur Verfügung und die mit Paul vereinbarten Maßnahmen werden mit der Schule und dem Kollegium abgestimmt. Ebenfalls ist es erforderlich, dass alle Akteure über die Abläufe bei großer Anspannung von Paul in Kenntnis gesetzt werden (z. B. dass Paul bei hoher Anspannung den Klassenraum verlässt und ggf. nach einer gewissen Zeit in den Unterricht zurückkehrt). Zudem müssen Gespräche mit dem Kollegium zwecks Übermittlung getroffener Vereinbarungen, Abstimmung eines einheitlichen Vorgehens und im weiteren Verlauf zur Evaluation eingeleiteter Maßnahmen stattfinden. Mit der Schule und der Schulbegleitung wird zudem, ausgehend von Pauls Schilderungen, Folgendes vereinbart:

- Paul erhält eine Rückmeldung von der Schulbegleitung zu seinem Verhalten und kann diese bei Unsicherheiten hinsichtlich seines Verhaltens im Schulalltag um Unterstützung bitten. Um Sprachlosigkeit in Aufregungssituationen vorzubeugen, wird mit Paul eine Kommunikation mit Signalkarten vereinbart. Diese Maßnahmen dienen der Steigerung von Pauls Sicherheit im Schulalltag.
- Angesichts der großen Anspannung Pauls in Bezug auf seine Noten wird mit der Schule – freilich in Absprache mit Paul und seinen Eltern – die Vereinbarung getroffen, die Noten für das laufende Halbjahr auszusetzen (mit Ausnahme des Fachs Chemie) und

stattdessen die Einschätzung zum jeweiligen Fach in Textform vorzunehmen. Ebenfalls einigen sich die beteiligten Akteure, dass die Lehrkräfte neben der schriftlichen Einschätzung konkrete fachbezogene Anregungen schriftlich fixieren. Diese Rückmeldungsform sollte überdies beibehalten werden, auch wenn Paul im Anschluss an das vereinbarte Halbjahr die gewöhnlichen numerischen Schulnoten wieder erhält.

- Im Zusammenhang mit der sensorischen Überempfindlichkeit im auditiven und visuellen Bereich werden ebenfalls Maßnahmen präsentiert. Hinsichtlich der auditiven Übersensibilität Pauls wird ein Noise-Cancelling-Kopfhörer durch die Eltern erworben. Die Schule erwirbt zudem für die Klasse ein Messgerät für die Lautstärke, das für alle in der Klasse sichtbar fixiert wird. Da Paul schnell ablenkbar ist und eine (visuelle) Aversion gegenüber Helligkeit zeigt, bekommt er ferner einen anderen Sitzplatz in der Klasse, sodass er sich fortan sowohl nah an der Lehrkraft als auch an einem weniger hellen Platz aufhält.

Interventionen bei den Mitschüler*innen

Da die Schüler*innen (und das Kollegium) laut Schulbericht Angst vor Paul haben und angesichts der Wichtigkeit transparenten Handelns gegenüber den anderen Schüler*innen, wird eine Klassenaufklärung vorgenommen und umgesetzt. Neben dem Ziel der Sensibilisierung für Pauls Besonderheiten ist es nicht minder wichtig, den Schüler*innen mehr Sicherheit und ein konkretes Werkzeug für den Umgang mit Paul und etwaigen herausfordernden Situationen zur Verfügung zu stellen. Die Klasse zeigt sich offen für die Aufklärung und Paul selbst äußert ausdrücklich den Wunsch, an der Klassenaufklärung teilzunehmen und diese selbst mitzugestalten. In dieser Aufklärung stellt die Klasse mit großem Interesse diverse Fragen, vor allem an Paul, die er gekonnt und mit großer Differenziertheit beantwortet. Die Schüler*innen erhalten zugleich das Angebot, etwaige weitere Fragen in einem Folgetermin zu stellen bzw. Fragen für den nächsten Termin schriftlich zu formulieren und dem Klassenlehrer zur Verfügung zu stellen. Der Klassenlehrer teilt den Schüler*innen mit, dass sich auch ihre Eltern bei offenen Fragen an den Klassenlehrer wenden können.

Elternbezogene Interventionen

Mit den Eltern und mit Paul wird die bis dato nicht zur Verfügung stehende Schulbegleitung thematisiert und die Notwendigkeit dieser vor allem in puncto vorzeitiger Außensteuerung in Anspannungssituationen unterstrichen. Die Eltern beantragen daraufhin eine Schulbegleitung, während die Schule und der zuständige Therapeut gesondert Kontakt zum zuständigen Kostenträger aufnehmen, um die fallbezogene Indikation und die Dringlichkeit einer Schulbegleitung aus fachlicher Sicht hervorzuheben. Der Kostenträger reagiert prompt, sagt die Kosten für eine Schulbegleitung zu und stellt eine Begleitungsperson zur Verfügung. Termine zum Kennenlernen zwischen der Schulbegleitung und Paul bzw. dessen Eltern werden zeitnah und bereits im Vorfeld des Einsatzes in der Schule anberaumt. Um der Belastung der Eltern insbesondere hinsichtlich etwaiger Anrufe von Seiten der Schule entgegenzuwirken, werden gemeinsame und regelmäßige Gesprächstermine zu Pauls Entwicklung festgelegt. Darüber hinaus wird ein Verfahren für herausfordernde Situationen konzipiert, bei dem die Schulbegleitung Paul in solchen Situationen und bei Indikation auf dem Weg nach Hause begleitet.

3.1.4 Evaluation

Um die Umsetzung der beschlossenen Maßnahmen und Pauls Entwicklung in den nächsten Wochen und Monaten evaluieren und etwaige Modifikationen vornehmen zu können, werden mehrere Plattformen der Verlaufskontrolle installiert:

3 Fallvignetten

- Paul und sein zuständiger Therapeut erhalten vom Klassenlehrer eine wöchentliche Rückmeldung, die der Einschätzung des Kollegiums entspringt.
- Paul gibt seinem Therapeuten bei der wöchentlichen Therapiesitzung eine Innensicht-Rückmeldung zu der vergangenen Woche. Mit Paul wird eine tägliche Skalierung seines Befindens in der Schule vereinbart.
- Die Schulbegleitung dokumentiert wöchentlich etwaige Anspannungssituationen, inklusive deren Verursachung, des Vorgehens und des Ausgangs. Diese Daten vermittelt sie an den Therapeuten, damit diese Informationen als eine weitere Grundlage für die therapeutischen Sitzungen genutzt werden.
- Eine monatliche Zusammenkunft aller beteiligten Personen zwecks Austausch, Prüfung und ggf. Modifizierung oder Ergänzung getroffener Maßnahmen wird anberaumt.

Diese Mechanismen/Plattformen der Verlaufskontrolle verfolgen hierbei das Ziel, vor allem folgende Entwicklungen in den Blick zu nehmen:

- Etwaige neue adaptive Verhaltensweisen Pauls,
- Pauls Anspannungsniveau im Unterricht,
- Vorkommen bzw. Häufigkeit maladaptiven Verhaltens/herausfordernder Situationen und
- Pauls Arbeitsverhalten in den unterschiedlichen Fächern.

Die hiesige Fallvignette bietet eine gute Möglichkeit, die Rolle von Lehrkräften in den vorliegenden Zusammenhängen zu skizzieren. Lehrkräfte und Therapeut stehen in einem wichtigen komplementären Verhältnis zueinander, welches das Zusammenspiel psychologischer/therapeutischer Interventionen und Techniken im geschützten therapeutischen Raum auf der einen Seite und schulischer Rahmenbedingungen auf der anderen Seite abbildet. Die therapeutische Perspektive verfügt über ein komplexes Wissen zur Persönlichkeit des/der Klient*in und über spezifische therapeutische

Techniken, die im sicheren Rahmen erprobt werden. Schulakteure verfügen indes über ein Innensicht-Wissen bezüglich der Schule als ein komplexes System, z.b. das Wissen über die relevanten Schulgesetze und deren konkrete Umsetzung, die räumliche und personelle Situation der »eigenen« Schule, das pädagogische Methodenrepertoire, die Handlungsspielräume und Umsetzungsmöglichkeiten innerhalb der Schule, die konkrete Klassensituation und die personelle Gestaltung der Unterstützung in der Schule (z.b. welche schulische Person/Lehrkraft ist für die Unterstützung des/der Schüler*in etwa als Ansprechpartner*in verfügbar?). Die wünschenswerte Rolle der Lehrkräfte, die in Pauls Fall einen maßgeblichen Beitrag für die erzielten Erfolge leistete, lässt sich wie folgt zusammenfassen:

- Eine trotz der zweifelsohne vorliegenden Herausforderungen und des für das System belastenden externalisierenden Verhaltens Pauls positive, ressourcenorientierte und wertschätzende Haltung gegenüber Paul,
- eine große Bereitschaft und ein unverkennbares Engagement, (kreative) Lösungen zu finden und diese im Schulalltag umzusetzen,
- die Bereitschaft, »am Ball zu bleiben«, nicht ausschließlich bei negativen Entwicklungen,
- das Eingehen auf eine Zusammenarbeit mit Paul und seinen Eltern »auf Augenhöhe« und diese als Expert*innen in eigener Sache zu verstehen,
- eine Hand-in-Hand-Kooperation mit dem Therapeuten und eine klare und transparente Aufgabenverteilung,
- eine zeitnahe und erfolgreiche Kommunikation sowohl außerhalb als auch innerhalb der Schule und
- die Bereitstellung von benötigten Materialien, Informationen und Rahmenbedingungen (z.B. Rückzugsraum).

Im Nachgang lässt sich sagen, dass sich alle Akteure zuverlässig um die Umsetzung kümmern und die vereinbarten Verlaufskontrollmodalitäten wahrnehmen. Das Gelingen der Kooperation innerhalb und außerhalb der Schule stellt keine Selbstverständlichkeit dar, ist jedoch für den Erfolg von immenser Bedeutung (Brodersen & Castello, 2022, 161). Die weitere Entwicklung von Paul verläuft nach der Implementierung der Maßnahmen positiv: Die Lehrkräfte stellen fest, dass Pauls Anspannung insgesamt abnimmt und es kaum noch zu »Ausrastern« kommt. Die Eltern schildern ihrerseits, dass Paul zuhause zugänglicher ist und mehr lacht. Die Teilnahme am Unterricht wird erfolgreich sukzessiv erhöht, sodass Paul nach etwa drei Monaten an allen Fächern teilnimmt. Durchaus wirkt Paul im weiteren Verlauf konzentrierter im Unterricht, auch nimmt seine mündliche Teilnahme im Unterricht leicht zu. Trotz positiver Entwicklungen fällt es Paul weiterhin schwer, bei Arbeiten nicht die maximale Punktzahl zu erreichen. Besonders in solchen Situationen lässt sich eine zunehmende Anspannung feststellen und eine Steuerung von außen – durch die Schulbegleitung – ist weiterhin erforderlich.

3.2 Karl

3.2.1 Ausgangslage und Fragestellung

Die Grundschule beschreibt multiple Verhaltensprobleme bei Karl, welche die Gestaltung des Schulalltags für ihn immens erschweren und alle Schulakteure vor eine besondere Herausforderung stellen. Es werden folgende herausfordernde Situationen beschrieben, welche täglich und über lange Zeit zu beobachten sind:

- Im Klassenverband könne Karl nicht sitzen bleiben, er laufe rastlos umher, werfe mit Sachen, spucke auf andere Kinder sowie Erwachsene, schlage und schubse unvermittelt die anderen Kinder in der Klasse.

- Die Esssituationen seien stets schwierig; so könne Karl nicht selbstständig an gemeinsamen Mahlzeiten in der Schule teilnehmen, stattdessen werfe er sein Essen.

3.2.2 Informationen zum Schüler/Pädagogische Diagnostik

Karl befindet sich seit zwei Jahren in einer autismusspezifischen ambulanten Förderung. Bereits im Alter von drei Jahren erfolgte eine diagnostische Vorstellung bei einer Kinder- und Jugendpsychiaterin, wobei ein frühkindlicher Autismus bei einer globalen Entwicklungsverzögerung und dem dringenden Verdacht einer Intelligenzminderung festgestellt wurde.

Karl ist sieben Jahre alt und besucht die erste Klasse einer städtischen Grundschule. Dort wird er von einer Schulbegleiterin unterstützt. Ungeachtet dieser engen Begleitung wird er aufgrund von herausfordernden Verhaltensweisen lediglich für etwa eineinhalb Stunden am Tag beschult. Die Schule berichtet von vielen Fehltagen aus unterschiedlichen Gründen (z. B. von den Eltern berichtete schwierige Bring-Situationen, Schlafschwierigkeiten Karls, Erkrankung eines Elternteils, Verschlafen eines Elternteils). Im Anschluss an Fehltage ist Karl wenig ausgeglichen und motorisch stark unruhig.

Außerdem trägt Karl in der Schule Schutzhosen, da er inkontinent ist. Karl zeigt kein funktionales Spielverhalten und kein Interesse am Spiel mit anderen Kindern. Ein Sprachverständnis fehlt, er verfügt über keine expressive Verbalsprache und nutzt bisher keine alternativen Kommunikationswege. Des Weiteren zeigt Karl ein auffälliges Essverhalten, indem er nur bestimmte Konsistenz zu sich nimmt und extrem auf Süßigkeiten fixiert ist. Insgesamt erscheint er sehr stark bedürfnisorientiert.

Karl lebt als Einzelkind mit seinen Eltern in einer kleinen Mietwohnung. Die Eltern scheinen stark belastet zu sein und nehmen etwa Fördertermine nur rudimentär wahr. Auch zeigen sie sich hinsichtlich sozialrechtlicher (Pflegestufe, Schwerbehindertenausweis) oder anderer (eigener Teilnahme an der Förderung des Kindes, medizinischer Versorgung) Unterstützungsangebote zurückhaltend. Obgleich die Eltern die eigene Belastung nicht explizit kommunizieren, mutet die – angesichts der ausgeprägten externalisierten Symptomatik Karls – sichtbare Passivität der Eltern »depressiv« an. Die großen Hilfsbedarfe des Kindes erfordern viele fachärztliche Besuche, eine regelmäßige therapeutische Versorgung sowie sozialrechtliche Unterstützung. Die Eltern scheinen diesen Erfordernissen nachzukommen, allerdings in langsamen und zögerlichen Schritten. Gewiss erschwert diese Passivität darüber hinaus das Nachkommen erzieherischer Aufgaben, wie etwa spielerischer Input, konsequentes Handeln und die Einführung und das Einhalten von Strukturen im häuslichen Alltag.

Um ergänzend zu den vorliegenden Erkenntnissen den emotionalen Entwicklungsstand zu bestimmen und daraus abgeleitet entsprechende Interventionen zu implementieren, werden gemeinsam mit den Eltern die Items der »Skala der Emotionalen Entwicklung – Diagnostik« (Sappok et al., 2018) eingeschätzt. Erwartungsgemäß liegen die Werte aller Domänen sowie das Gesamtergebnis im deutlich unterdurchschnittlichen Bereich. Während das Gesamtergebnis der Phase der ersten Sozialisation (7.–18. Lebensmonat) entspricht, liegen die Ergebnisse der Domänen »Eigener Körper«, »Bezugspersonen« und »Affektregulation« sogar im Bereich der »ersten Adaption« (0.–6. Lebensmonat). Resümierend bedeuten diese Ergebnisse für den alltäglichen und pädagogischen Umgang mit Karl, dass ausgesprochen basale Interventionen erforderlich sind. So stehen die Grundbedürfnisse und deren schnelle Erfüllung sowie die Regulation von Hunger, Schmerz und Überreizung durch einen verlässlichen Versorger im Mittelpunkt. Von besonderer Relevanz ist daher für die Schule, dass Gruppensituationen zwecks Regulierung nur mit Begleitung möglich sind.

3.2.3 Pädagogische Intervention

Schülerbezogene Interventionen

Die vorliegende massive Beeinträchtigung von Karl, die sich durch einen stark ausgeprägten Frühkindlichen Autismus und eine globale Entwicklungsverzögerung einschließlich einer Störung der kognitiven Entwicklung äußert, erfordert eine intensive Förderung sowie Interventionen, welche Karl eine Orientierung in basalen Entwicklungsbereichen bereitstellen.

Daher werden die Fördereinheiten im Therapiezentrum fortgesetzt und von zwei auf vier Einheiten erhöht sowie teilweise durch zwei Therapeut*innen durchgeführt, um grundlegende Kompetenzen im geschützten und reizarmen Rahmen in einem 1:1-Setting zu erlernen. Hierbei geht es vor allem um folgende Kompetenzen:

- Erlernen basaler Kommunikationskompetenzen, um sich initial mit anderen bedürfnisorientiert verständigen bzw. basale Bedürfnisse vermitteln zu können, hierzu gehören einfache Gebärden sowie die Übergabe von Fotos und Symbolkarten vor der Durchführung – zunächst beliebter – Aktivitäten. Für diesen Zweck kommt das Picture Exchange Communication System (PECS) (Frost & Bondy, 2011) – Phase I – zum Einsatz, wodurch Karl den Austausch eines einzelnen Bildes eines gewünschten Gegenstands/ einer gewünschten Aktivität erlernen soll.
- Erlernen der Differenzierung zwischen Freispiel und anfangs kurzen Arbeitsphasen, welche direkt positiv verstärkt werden.
- Anbahnung einfacher Lernaufgaben (z. B. Steckspiel) in Anlehnung an den TEACCH-Ansatz (vgl. Tuckermann et al., 2014), um Karl für eine zeitlich begrenzte selbstständige Beschäftigung zu befähigen und somit maladaptives Verhalten zu reduzieren (▶ Abb. 3.2).

3 Fallvignetten

Abb. 3.2: Beispiel einer Aufgabe für die Befähigung zur selbstständigen Beschäftigung

Schulbezogene Interventionen

Neben den Fördereinheiten im Therapiezentrum findet eine weitere Förderung durch die Therapeut*innen vor Ort in der Schule statt. Hierdurch soll im geschützten Setting Erlerntes in das gewöhnliche

Lebensumfeld Karls transferiert werden. Angesichts des komplexen Erscheinungsbilds der vorliegenden Besonderheiten fällt Karl zudem ein Lernen im natürlichen Umfeld leichter. Durch die Förderarbeit direkt in der Schule gestaltet sich ferner die Zusammenarbeit zwischen der Fördereinrichtung und der Schule durch die kurzen Kommunikationskanäle effizienter. Mit Hilfe von Karls enger Bindung zu seiner Schulbegleiterin, die unter anderem aus der fehlenden Zusammenarbeit Karls mit anderem Schulpersonal resultiert, wird zudem sukzessiv eine direkte Zusammenarbeit mit der Klassenlehrerin angebahnt. Mit der Schule und der Schulbegleiterin wird jedoch zunächst vereinbart, dass die Schulbegleiterin an den Fördereinheiten teilnimmt, damit diese die angewendeten Kommunikationsmethoden adaptiert und im Schulalltag umsetzt. Die autismusspezifische Förderung in der Schule erfolgt in einem separaten und somit geschützten Raum. Neben kommunikationsfördernden Methoden werden in diesem Rahmen visuelle Hilfen eingesetzt, um Karl eine Orientierung im zunächst eingegrenzten Schulbereich anzubieten, die sukzessiv ausgeweitet werden kann. Hierbei werden die visuellen Hilfen eingesetzt, um beispielsweise den Ablauf der Fördereinheit oder einen Raumwechsel zu kommunizieren. Ein integraler Bestandteil der Förderinhalte ist zudem die Heranführung an die Teilnahme am Klassengeschehen, indem jede Fördereinheit einen therapeutisch unterstützten und begleiteten Baustein innerhalb der Klasse umfasst.

Interventionen bei den Mitschüler*innen

In Anbetracht der gezeigten herausfordernden Verhaltensweisen gegenüber anderen Schüler*innen erscheint eine Aufklärung der Klasse – mit dem Einverständnis von Karls Eltern – als besonders wichtig. Die Ziele dieser Aufklärung sind vor allem, dass die Schüler*innen kindgerecht mehr über die Hintergründe von Karls Verhaltensweisen erfahren, die Schüler*innen bei gegen sie gerichtetem aggressiven Verhalten entschuldet werden, ihnen Umgangswege bei künftigen Erfahrungen empfohlen werden und ihnen insgesamt ermöglicht wird, Fragen und Gedanken, die sie beschäftigen, zu formulieren. Aus didaktischen Gründen werden mit Hilfe von Bildkarten zwei Themen in den Fokus genommen: die Kommunikation (während der Aufklärung wird der Begriff »Sprache« verwendet, deren Fehlen es Karl schwermacht, uns zu sagen, was er braucht) und die selbstständige Beschäftigung (Karl braucht Ideen von uns, was er in der Schule, v. a. in der Pause, machen kann). Der Klasse wird ebenfalls gezeigt, welche Ergebnisse Karl erzielen kann, wenn ihm Ideen aufzeigt werden. Die Schüler*innen zeigen sich begeistert und möchten sich Ideen für Karl überlegen. Da die Schüler*innen großes Interesse an der Entwicklung von Beschäftigungsideen zeigen, wird ein zweiter Termin vereinbart und von den zuständigen Lehrkräften geleitet, bei dem die Unterrichtsstunde in einen Flohmarkt für Beschäftigungsideen für Karl (und für alle anderen) umgewandelt wird.

Elternbezogene Interventionen

Wie bereits anfangs geschildert, wirkt die junge Familie sehr belastet, sodass eine deutliche Indikation für eine regelmäßige Arbeit mit der Familie besteht. Auch für den Schulerfolg und eine insgesamt positive Entwicklung Karls ist die Stärkung des Familiensystems zentral. Da zudem die Frage des Kindeswohls im Raum steht, erfordert es neben der regelmäßigen Arbeit mit den Eltern auch das Treffen klarer Vereinbarungen zum Umgang mit Karl. Hierbei sind angesichts des ausgeprägten Schamgefühls der Eltern eine besondere Sensibilität und Feingefühl vonnöten. Dementsprechend spielen folgende Ziele/Themen eine wesentliche Rolle in den dreiwöchentlich stattfindenden vertraulichen Gesprächen:

- Eine zuverlässige Wahrnehmung von Terminen und ein regelmäßiger Besuch der Schule durch Karl.
- Beantragung sozialrechtlicher Ansprüche mit Unterstützung der Therapeut*innen sowie anderer beratender Stellen (z. B. die ortsansässige »Ergänzende unabhängige Teilhabeberatung« – EUTB);

dazu gehört die Beantragung einer Pflegestufe sowie eines Schwerbehindertenausweises für Karl.
- Unterstützung bei Erziehungsaufgaben und der Wahrnehmung dieser durch die Eltern: Hierzu gehört der Einsatz von autismusspezifisch visualisierten Tagesplänen für Karl im häuslichen Umfeld, welche ebenfalls schulbezogene Piktogramme umfassen, die der Vorbereitung des täglichen Schulbesuchs dienen. Weitere Bausteine dieser Pläne umfassen Aktivitäten der Eltern mit Karl (z. B. gemeinsam zum Spielplatz gehen, ein Spiel spielen, Zeit mit Karl verbringen). Das Therapiezentrum stellt den Eltern für diesen Zweck Spielmaterialien zur Verfügung. Abschließend werden die Eltern bezüglich konsequenten Handelns gegenüber Karl beraten. Ein Ziel ist zudem, dass mindestens ein Elternteil den Fördereinheiten im Zentrum beiwohnt.
- Gemeinsame Planung hinsichtlich der Essens- und Trinksituationen, angefangen vom Einsatz eines Nahrungs- und Trinkprotokolls durch die Eltern über einen Essens- und Trinkplan für Karl und dessen Umsetzung bis hin zur Bereitstellung hilfreicher Materialien.
- Im Zusammenhang mit der – auch nächtlichen – Rastlosigkeit Karls, die für die Eltern belastend wirkt und gewiss auch einen Einfluss auf den Schulalltag hat, werden mögliche Lösungswege erörtert; so können neben medizinischen Überlegungen auch Wahrnehmungsmaterialien in Frage kommen, etwa eine Beschwerungsdecke für die Nacht.
- Diese Gespräche dienen zudem der gemeinsamen Evaluation von Karls Entwicklung mit Hilfe einer tabellarischen Struktur und der etwaigen Anpassung angebahnter Maßnahmen.

Angesichts der beschriebenen Belastung der Eltern wird ebenfalls eine psychotherapeutische Begleitung angeboten, welche die Eltern zunächst dankend ablehnten.

3.2.4 Evaluation

Neben den vereinbarten regelmäßigen Gesprächsterminen mit der zuständigen Therapeutin im geschützten therapeutischen Raum wird ein monatliches Gespräch mit allen beteiligten Akteuren im Schulkontext geplant, welches die Schulsituation und die dortige Entwicklungsevaluation im Fokus hat. An dem Gespräch nehmen neben den Eltern die zuständige Therapeutin, die Klassenlehrerin und die Schulbegleiterin teil.

Karls Entwicklung lässt sich als »durchwachsen« beschreiben. Die Entwicklungsschritte sind – erwartungsgemäß – langsam. Dies kann sowohl auf die starke Ausprägung der vorliegenden Symptomatik als auch auf die Komplexität der Störungsbilder und die systemischen Rahmenbedingungen zurückgeführt werden. Weiterhin muss Karl in der Schule durch seine Schulbegleiterin engmaschig begleitet werden. Die herausfordernden Verhaltensweisen Karls gegenüber erwachsenen Personen sind zwar deutlich zurückgegangen, maladaptives Verhalten gegenüber Mitschüler*innen bleibt aber weiterhin bestehen, wobei die Schüler*innen sichtbar besser mit diesen Situationen umgehen können (und sie planen mit Freude weitere Ideen-Flohmärkte). Die Teilnahme am Morgenkreis gelingt Karl etwas besser, wobei bestimmte Rahmenbedingungen (z. B. wenn die Klasse gemeinsam singt) zu einer erfolgreichen Teilnahme beitragen. Auch nimmt Karl inzwischen an mehreren Klassenausflügen teil und wird hierbei von seiner Schulbegleiterin unterstützt. Nach anfänglicher Ablehnungshaltung zeigen sich die Eltern inzwischen Klassenausflügen gegenüber offen und nehmen bisweilen selbst unterstützend an solchen Ausflügen teil. Die Essproblematik besteht weiterhin und bedarf der weiteren Hypothesenbildung und neuer Interventionswege. Hier wirft Karl weiterhin mit Essen um sich und muss in Esssituationen mit Handführung begleitet werden. Eine weitere und intensive Begleitung der Eltern hinsichtlich der Esssituationen im häuslichen Umfeld scheint unbedingt erforderlich zu sein. Kleinschrittige Erfolge können im geschützten therapeutischen Raum verzeichnet werden; so kann Karl inzwischen zwischen Freispiel und

3.2 Karl

Arbeitsphase am Tisch differenzieren und lässt sich nach Freispielphasen auf kurze Arbeitsphasen ein. Ebenfalls kann Karl einfachen »Beschäftigungen« nach dem TEACCH-Prinzip selbstständig nachgehen. Angesichts der zwar langsamen, aber positiven Entwicklungen in der Schule veranlasst diese, entgegen der Empfehlung der zuständigen Therapeutin, dass Karl »inklusiv wie alle anderen Schüler*innen beschult wird«. So vertritt die Schule die Ansicht, dass sich Karl mit allen Schüler*innen gemeinsam im Klassenverbund aufzuhalten hat und nicht in einem Rückzugsraum zu separieren ist. Das Entziehen von Karls »sicherem Hafen« und die abrupt deutlich erhöhte Zeit im Klassenverbund – Maßnahmen, die allesamt eine Überreizung Karls darstellen – führen zum Verlust seiner Sicherheit sowie Orientierung und gehen mit Rückschritten einher. Nach wiederholten runden Tischen und zahlreichen Gesprächen hinsichtlich dieser Entwicklung wird ein neuer Plan für Karl erstellt bzw. der alte und bewährte Plan wiederaufgenommen, der Karl die unbedingt notwendige Sicherheit gibt. Demnach wird Karl zunächst in einem geschützten Raum in Begleitung seiner Schulassistentin beschult. Um einen nachhaltigen Kontakt zur Klassenlehrerin anzubahnen und Karl an das Klassengeschehen zu gewöhnen, »besucht« er in Begleitung seiner Assistentin »dosiert« die Klasse und erhält dort immer eine kleine Aufgabe bzw. ein Beschäftigungsangebot von seiner Klassenlehrerin. In zweiwöchigen Abständen findet ein Austausch zwischen der Klassenlehrerin, der Therapeutin und der Schulbegleiterin statt, in dem die letzten zwei Wochen evaluiert und die nächsten Schritte und deren Implikation besprochen bzw. angebahnt werden.

Abschließend lässt sich beobachten, dass Karl regelmäßiger in der Schule erscheint und die Fördertermine durch die Eltern zuverlässiger wahrgenommen werden. Nach den zwischenzeitlichen Rückschlägen im Schulalltag bahnt sich langsam eine positive Entwicklung an, die in direkter Beziehung zur partiell wiedererlangten Sicherheit steht. Inzwischen verfügt Karl zudem über eine Pflegestufe, ein Schwerbehindertenausweis befindet sich in der Beantragung. Die Einführung von Tagesstrukturen im häuslichen Umfeld gelingt nur ansatzweise, die Entwicklung verläuft in diesem Bereich sehr langsam und scheint auf ausgeprägte elterliche Schamgefühle sowie initiale Trauerarbeit zurückzuführen sein, sodass hier von einem zeitaufwendigen und langen Prozess auszugehen ist. Dass die Eltern während der Beratungsgespräche bisweilen lächeln können, stellt jedoch eine neue Qualität dar.

3.3 Berta

3.3.1 Ausgangslage und Fragestellung

Berta zeigt wiederholt ein störendes Verhalten im Unterricht, das im Schullalltag kaum zu unterbinden gelingt. Ermahnungen des Lehrers schenkt Berta kaum Aufmerksamkeit. Zu den von Berta gezeigten Verhaltensweisen, die den Unterrichtsverlauf stören, gehören:

- Impulsives Dazwischenreden im Unterricht,
- geringe Frustrationstoleranz bei diversen Anlässen, z.B. wenn ihr etwas nicht sofort gelingt oder wenn sie bei mündlichen Fragen nicht als Erste an der Reihe ist. Berta reagiert in solchen Situationen mit lautem und andauerndem Schreien, mit Weglauftendenzen oder indem sie unbeteiligte Schüler*innen unvermittelt schlägt,
- starkes selbstbestimmtes und dominantes Arbeitsverhalten (z.B. Aufgaben nur bei eigener Motivation lösen; Bestehen auf eigene Lösungswege, auch wenn diese nicht zielführend sind),
- Fokussierung auf umrissene Themen und Führen von Monologen zu diesen Themen während des Unterrichts.

Diese kontinuierlichen Verhaltensweisen erschweren erheblich den gewöhnlichen Unterrichtsverlauf und führen zu allgemeiner Unruhe in der Klasse. Mehrere Versuche, diesem Verhalten ein Ende zu setzen, führen bisher zu keinem nennenswerten Erfolg. Es fragt sich, was die Hintergründe dieses Verhaltens sein können und mit welchen pädagogischen Interventionen sich dieses Verhalten reduzieren lässt.

3.3.2 Informationen zur Schülerin/Pädagogische Diagnostik

Berta ist acht Jahre alt und besucht die zweite Klasse einer Grundschule. Sie wohnt mit ihren Eltern und drei älteren Geschwistern in einem Einfamilienhaus auf dem Land. Die frühe Entwicklung verläuft anders als bei den Geschwistern; so setzt die Sprache spät ein, Berta wehrt bereits früh den Körperkontakt durch die Mutter oder andere Personen ab, sie sucht kaum den Kontakt zu ihrer Familie und zeigt sich stark ichbezogen bei einer stark reduzierten Gegenseitigkeit. In kinderärztlichen Untersuchungen wird die Mutter mit der Aussage vertröstet, dass Kinder sich unterschiedlich schnell entwickeln. Ungeachtet dessen erhält Berta heilpädagogische Frühförderung und wird zudem logopädisch und ergotherapeutisch behandelt. Als Berta fünf Jahre alt ist, entscheidet sich die Mutter aufgrund persistierender Verhaltensweisen wie mitunter maladaptivem, externalisierendem Sozialverhalten für eine kinder- und jugendpsychiatrische Vorstellung Bertas. Dort wird Frühkindlicher Autismus bei einer angenommenen durchschnittlichen Begabung festgestellt.

Die erste Zeit nach der Einschulung gestaltet sich zur Überraschung der Eltern relativ problemlos. Berta wird direkt mit einer unterstützenden Schulbegleiterin eingeschult, mit der sich rasch eine positive Arbeitsbeziehung entwickelt. Zu Beginn der zweiten Klasse zeigt Berta mit zunehmenden Anforderungen und ggf. angesichts des Umstandes einer insgesamt unruhigen Klasse vermehrt herausforderndes Verhalten, das sich überwiegend in Schreiattacken, Weglauftendenzen und Beschimpfung von Kindern und Erwachsenen äußert. Auch die Eltern berichten von einer hohen Anspannung Bertas zuhause in den letzten Monaten, welche auch für sie als Eltern und für die familiäre Situation mit einer großen Belastung einhergeht. Zudem beklagen sie einen mangelnden Informationsfluss seitens der Schule und den Umstand, dass sie in den letzten Monaten nichts von der Schule gehört haben, um jetzt auf einmal mit einem »Gesamtpaket« konfrontiert zu werden. Im Rahmen von durch die Schule initiierten runden Tischen unter Beteiligung des Klassenlehrers, der Schulleitung, der Schulbegleiterin, der Eltern und der zuständigen Therapeutin liegt der Fokus des Austauschs auf dem Verstehen der Hintergründe von Bertas Verhalten und der Installierung zielführender pädagogischer Maßnahmen, um eine optimale Beschulung Bertas zu gewährleisten.

Die Hypothesen zu Bertas »neuem« maladaptiven Verhalten lassen sich in solche allgemeiner Natur und solche, die einer konkreten Verhaltensanalyse entspringen, unterteilen. Die allgemeinen Rahmenbedingungen, die Bertas Verhalten begünstigen, können, wie bereits skizziert, auf die gestiegenen fachbezogenen Anforderungen sowie die generelle Unruhe im Klassenverbund zurückgeführt werden. Um konkrete Hintergründe von Bertas Verhalten herauszuarbeiten, wird zudem eine Verhaltensbeobachtung im Schulalltag vereinbart. Im Zuge dessen werden die Entstehungsbedingungen unangepassten Verhaltens analysiert bzw. wird nach einem gemeinsamen Muster im Vorfeld gezeigter Verhaltensweisen gesucht. Situationen, die ein unerwünschtes Verhalten bei Berta auslösen, können wie folgt zusammengefasst werden:

- Situationen, in denen Berta warten muss bzw. ihre Bedürfnisse nicht umgehend erfüllt werden,
- wenn sie Aufgaben erhält, die sie nicht sofort lösen kann,
- wenn sie soziale und kommunikative Situationen missdeutet,
- wenn Aufforderungen des Lehrers bzw. die Aufgabenstellung nicht verstanden werden,
- unklare oder wenig strukturierte Situationen.

In Anbetracht dieser beobachteten Situationen, einhergehend mit Bertas Reaktionen, lässt sich ein syndromimmanenter gemeinsamer Nenner feststellen, der sich als inniger innerer Wunsch nach Sicherheit und Kontrolle sozialer Situationen zusammenfassen lässt. Schließlich scheint die mangelnde Klarheit der skizzierten Situationen ausschlaggebend für Bertas Reaktionen zu sein. Bertas starke Reaktionen provozieren wiederum genauso starke Reaktionen seitens ihres Umfelds, was mit einer Berechenbarkeit und somit einer Kontrolle der Situation seitens Bertas gleichgesetzt werden kann. Mit der Etymologie des Wortes Provokation[12] wird Bertas Verhalten evident, indem sie Reaktionen ihres Gegenübers provoziert, sprich hervorruft.

3.3.3 Pädagogische Intervention

Schülerin-bezogene Interventionen

Angesichts Bertas Besonderheiten und der Ergebnisse der Verhaltensbeobachtung vereinbaren der Klassenlehrer, die Schulbegleiterin und die zuständige Therapeutin anfangs Gesprächstermine im Abstand von zwei Wochen, um entsprechende Materialien und Regeln zu erstellen und abzustimmen, diese im Gespräch mit Berta einzuführen und regelmäßig zu evaluieren.

Zum Umgang mit sozialen Regeln wie etwa das Warten-Lernen oder das Melden im Unterricht (▶ Abb. 3.3) werden sogenannte Social Stories (Gray, 2014) verfasst, die soziale Situationen mit einfachen Sätzen erläutern, begleitet durch METACOM-Symbole, entsprechend den Leitlinien dieser Methode, und mit Berta/von Berta wiederholt gelesen werden. Ebenfalls werden kurze visualisierte Evaluationsgespräche mit Berta durch die Schulbegleitung nach jeder Unterrichtsstunde vereinbart, in denen eine Rückmeldung und eine Selbsteinschätzung zum Stundenverlauf erfolgt und Berta anhand eines Verstärkerplans bei angemessenem Verhalten positiv verstärkt wird. Als eine positive Verstärkung wird das bisher noch nicht erwähnte große Interesse Bertas an Katzen herangezogen (▶ Abb. 3.4).

---

12 Provozieren ist entlehnt (1. Hälfte 16. Jh.) aus lat. *prōvocāre* (*prōvocātum*) ›hervor-, herausrufen, auffordern, reizen‹ (vgl. lat. *vocāre* ›rufen‹).

3 Fallvignetten

Berta erhält gemäß der erreichten Punktzahl »Mini-Katzenkarten«, die sie sammelt und gegen von ihr gewünschte Aktivitäten eintauscht.

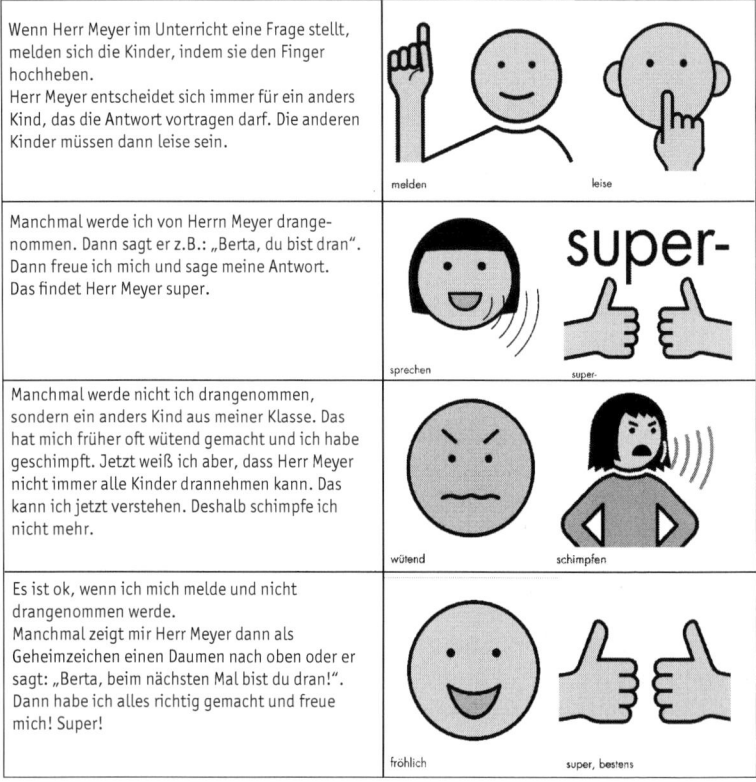

Abb. 3.3: Social Story für Berta zum Thema »Melden im Unterricht« mit METACOM Symbolen (METACOM Symbole © Annette Kitzinger)

Deutschunterricht

Verhalten/Regel	Wie oft vorgekommen?	Gewonnene Katzenbilder/Token
Berta meldet sich, wird nicht drangenommen und bleibt ruhig	2 Mal	🐱 🐱
Berta versteht eine Aufgabe nicht und bittet die Schulbegleiterin oder den Klassenlehrer um Hilfe	-	-
Berta redet nicht dazwischen	Ja	🐱
Gesamt		🐱 🐱 🐱

Abb. 3.4: Rückmeldung an Berta zum Deutschunterricht im Rahmen des Tokenplans

Schulbezogene Interventionen

Die regelmäßigen Gespräche der maßgeblich mit Berta zusammenarbeitenden Akteure dienen in erster Linie der Evaluierung und ggf. Anpassung umgesetzter Interventionen. Neben der Implementierung der direkt mit Berta vereinbarten Interventionen und Regeln leiten sich aus der Verhaltensbeobachtung in der Klasse sowie aus der Analyse der Rahmenbedingungen im Unterricht und in der Schule Handlungsempfehlungen ab, für deren Umsetzung sich die Schule bereit erklärt hat. Diese Rahmenbedingungen umfassen folgende Punkte:

• Im Sinne eines Nachteilsausgleichs und angesichts der ichsyntonen Aversion Bertas gegenüber für sie nicht sofort lösbaren Aufgaben werden die Aufgabenstellungen so geändert, dass ihr die jeweilige Aufgabe in Teilaufgaben bzw. -schritten vorgelegt und die Aufgabengestaltung verständlicher visualisiert wird (vgl. Tuckermann et al., 2014, dort »Strukturierung von Aufgaben und Instruktionen«). Zwecks Überschaubarkeit und um die Wahrscheinlichkeit von Erfolgserlebnissen zu erhöhen, wird zudem die Anzahl der Aufgaben zunächst für ein halbes Jahr reduziert. Die Bearbeitung der Aufgaben erfolgt mit direkter Unterstützung der Schulbegleitung. Um intrinsisch motiviertes Handeln ebenfalls zu fördern, ist eine mögliche Einbeziehung der Interessen und Denkwelten von Berta hierbei nicht minder wichtig. Darüber hinaus sind den von Berta selbst gewählten Lösungswegen – auch wenn diese für Außenstehende zunächst als wenig zielführend erscheinen mögen – mit Interesse und Neugierde zu begegnen, statt diese automatisch abzulehnen und zurückzuweisen.

- Zum Umgang mit unklaren bzw. für sie wenig strukturierten Situationen sowohl im Unterricht als auch in der Schule insgesamt werden bebilderte Orientierungshilfen erstellt und ein mit Berta besprochener Plan für die Pausensituationen eingeführt, in dessen Rahmen sie sich in einem ruhigen Raum aufhalten kann. Außerdem wird gemeinsam mit dem Klassenlehrer ein visualisierter Verlaufsplan der Unterrichtsstunde erarbeitet, in dem sich Bausteine des Unterrichts wiederholen und somit die Unterrichtsstruktur erhalten bleibt.
- Da sozial-kommunikative Situationen öfter missdeutet werden, übernimmt die Schulbegleitung verstärkt eine Dolmetscherin-Funktion und erläutert für Berta bestimmte Situationen in Echtzeit. Missverstandene Situationen, die sich wiederholen, werden zum Anlass genommen, eine entsprechende Social Story zur jeweiligen Situation zu erstellen.

Interventionen bei den Mitschüler*innen

Im Hinblick darauf, dass Berta mit ihrem Verhalten bereits im Fokus der negativ assoziierten Aufmerksamkeit ihrer Mitschüler*innen steht, wird eine Klassenaufklärung geplant, die weder den Autismus noch Berta in den Mittelpunkt rückt. Vielmehr steht hierbei die Diversität/die Verschiedenheit der Schüler*innen mit den entsprechenden Stärken und den Bereichen, in denen Hilfe benötigt wird, im Mittelpunkt. Das gemeinsame Sammeln von Stärken und Unterstüt-

3.3 Berta

zungsbedarfen gestaltet sich im Unterricht sehr rege und die Schüler*innen benennen des Öfteren Stärken von sich, aber auch von anderen Schüler*innen. Auch Berta wird von anderen Schüler*innen zurückgemeldet, dass sie sehr viele schwierige Wörter kenne und im Diktat gut sei. Aus dieser Übung entsteht eine Tabelle (▶ Tab. 3.1), die in künftigen Unterrichtsstunden immer wieder zur Freude aller aktualisiert wird.

Tab. 3.1: Individualisierte Klassenaufklärung der Diversität der Schüler*innen

Name des Schülers oder der Schülerin	Was kann ... gut?	Wobei braucht ... Hilfe?	Wie sieht die Hilfe aus?
Max	Max ist ein sehr guter Fußballspieler	Max kann nicht so gut sehen	Max muss eine Brille tragen
Berta	Berta kennt sehr viele Worte und ist sehr gut im Diktat	Berta ärgert sich sehr schnell und manchmal schlägt sie dann andere Schüler*innen in der Klasse	Berta hat eine Schulbegleiterin, die ihr hilft, damit sie sich nicht schnell ärgert
Immanuel	Immanuel kann Aufgaben sehr schnell lösen	Immanuel kann nicht sitzen bleiben und steht ständig auf	Immanuel bekommt Medikamente, die ihm helfen, sitzen zu bleiben und sich besser zu konzentrieren

Elternbezogene Interventionen

Angesichts der hohen Belastung der Eltern und der ebenfalls berichteten Belastung der Geschwister, die unter der Gesamtsituation leiden, wird die Eltern- und Familienarbeit im Rahmen der therapeutischen Anbindung intensiviert. Neben der Etablierung von Informationskanälen zwischen Schule und Eltern in Form eines – ressourcenorientierten – Informationsheftes steht im Mittelpunkt der Gespräche mit den Eltern die Stärkung der Familie und der Subsysteme innerhalb der Familie. Im Zuge dieser Arbeit nimmt die Familie an einer Multifamilientherapie für Familien von Kindern und Jugendlichen aus dem Autismus-Spektrum teil. Multifamilientherapie (MFT) beschreibt eine Methode mit einer simultanen therapeutischen Arbeit mit mehreren Familien mit einem gemeinsamen Fokus (Asen & Scholz 2017; Nashef 2015; Nashef & Mohr 2017) und ermöglicht die Vernetzung mit Familien in ähnlichen Lebenslagen und die gegenseitige Unterstützung. Auch für Bertas Familie bietet diese Begegnung die erste Erfahrung einer Normalität der Besonderheiten ihres Kindes, in der die Familienmitglieder sich von den anderen verstanden fühlen und ohne Anspannung verschieden sein können. In der Multifamilientherapie werden beispielsweise die Merkmale einer »Traumschule« aus Sicht der unterschiedlichen Subkontexte (Eltern, Geschwister und Kinder/Jugendliche mit ASS) herausgearbeitet. Hierbei skizzieren die Teilnehmer*innen wichtige Empfehlungen für die Schule zugleich aus Innen- und aus Außensicht, wozu folgende Punkte gehören:

- die Anliegen und Sorgen von Schüler*innen mit ASS ernstnehmen,
- Bereitstellung von Rückzugsräumen und -möglichkeiten,
- (mehr) Berücksichtigung der Stärken und Ressourcen der Schüler*innen mit ASS und deren Aufnahme in die Zeugnisse,
- kleinere Klassen,
- mehr praktische Aktivitäten,
- klare Unterrichtsstrukturen,
- Alternativen für die Pausengestaltung,
- weniger bzw. individualisierte Hausaufgaben,
- Einzeltische/Tische mit Schubläden.

In diesem Rahmen kommen zudem unterschiedliche Strategien zum Umgang mit schulischen Situationen sowohl aus Eltern- als auch aus Kindersicht zur Sprache. Ein konkretes Angebot wird von einem 18-jährigen Teilnehmer mit ASS übermittelt, der sich bereiterklärt, an

Gesprächen mit Schulen teilzunehmen, um zu einem besseren Verständnis beizutragen.

Auch die drei Geschwister von Berta können vom Austausch mit anderen Geschwisterkindern in einer ähnlichen Lage profitieren. Berta selbst zeigt sich aufmerksam und ist engagiert, trotz der Gruppengröße, die an eine Klassensituation erinnert. In der Gruppe lernt sie zudem eine neunjährige Teilnehmerin kennen, zu der sie im Anschluss an die MFT eine freundschaftliche Beziehung entwickelt. In der Gruppenevaluation sticht besonders die Rückmeldung der Eltern hervor; diese berichten von vielen konkreten und hilfreichen Anregungen der teilnehmenden Familien, von einer Entspannung des familiären Alltags und von einer sichtbaren Reduktion ihrer Belastung.

3.3.4 Evaluation

Bei Berta haben wir es mit einem jungen Mädchen mit Autismus zu tun, das bestimmte Verhaltensweisen zeigt, die einerseits in ihrem – vor allem schulischen – Umfeld als störend empfunden werden und den gewöhnlichen Unterrichtsverlauf stören und andererseits als Bertas Reaktion auf ein von ihr als störend wahrgenommenes Umfeld sowie auf die für sie fehlende Vorhersehbarkeit fremden Verhaltens zu begreifen sind. Was Außenstehende als unangemessenes Verhalten auffassen, ist somit schlussendlich ein Kontrollversuch Bertas, um Vorhersagbarkeit und somit mehr Sicherheit herbeizuführen und zu gewährleisten. Diese Dynamik offenbart die Dramatik der Begegnung zwischen Systemerwartungen und dem Streben von Menschen mit Autismus nach kontrollierten Objekten und nach einem vorhersehbaren Umfeld. Genau diese geschädigte Intersubjektivität ist der Ort der Interventionsbemühungen. So ist das Nicht-Warten-Können ein Ausdruck dieser Unsicherheit und ein Paradebeispiel dieser Dynamik: Ich melde mich im Unterricht; werde ich drangenommen oder nicht? Wann werde ich drangenommen? etc. Dergestalt bewegen sich die Interventionen zwischen der definitorischen Bewältigung einer unklaren Außenwelt bzw. der Einführung vorhersagbarer Strukturen und der Sicherung des Eigenen im Sinne des Zulassens eigener sicherheitsstiftender Wege bzw. deren Ersetzen mit verstehenden behavioralen Tokenmethoden. All die anfangs genannten, von außen betrachtet unangemessenen Verhaltensweisen stehen resümierend im Lichte dieser Dynamik und deren Nicht-Gewährung ist für Berta »zum Brüllen«, »zum Weglaufen« oder »zum Kämpfen«.

Obgleich also Methoden der Verhaltensbeobachtung und der positiven Verstärkung Anwendung finden, bildet das Verstehen die Basis jeglicher Interventionsbemühungen. Daher konzentrieren sich die Interventionen einerseits auf die Einführung von vorhersagbaren schulischen Strukturen und Handlungsrahmen, welche das Verhalten handelnder Personen einschließen, ohne in Rigidität zu verfallen, und andererseits auf das Zulassen sicherheitsgebender Impulse Bertas. Stärkung aller Handelnden – auch im außerschulischen Kontext – ist zudem eine wichtige Ergänzung im Sinne der Entlastung der Akteure. Entsprechend kann als positiv konstatiert werden, dass das Verstehen und das Verständnis der Akteure untereinander in den vielen Gesprächen eine zielführende Wende exemplarisch in diesen Punkten erfahren hat:

- Auf welchen Beweggründen fußt Bertas Verhalten?
- Welche Sorgen begleiten den Klassenlehrer/die Schulbegleitung, wenn Berta andere Schüler*innen beschimpft oder angreift oder wenn sie wegläuft?
- Wie fühlen sich die Eltern im Familienalltag mit weiteren drei Geschwistern, die ebenfalls Bedürfnisse haben?
- Was geht in den Eltern vor, wenn sie über Monate nichts von der Schule hören und nun ein Krisengespräch angebahnt wird, das kontinuierliche unangemessene Verhaltensweisen Bertas zum Inhalt hat?

Im Ergebnis bleibt Bertas – funktionale – Impulsivität im Großen und Ganzen erhalten, sie gewinnt jedoch an Sicherheit, sodass ihr externalisierendes Verhalten ihren Mitschüler*innen gegenüber deutlich abnimmt. Der ihr gewährte Raum für ihre Interessen und für ihre

Lösungswege bildet die Basis ihrer zunehmenden Offenheit für andere Lösungswege und trägt zur Zugänglichkeit Bertas bei. Ein weiterer, nicht minder wichtiger Grund für Bertas »Fortschritte« ist auf die Entlastung der Schule und der Familie zurückzuführen: Entlastung der Schule durch mehr Verstehen und durch methodische Sicherheit und Entlastung der Familie durch das Erfahren von Solidarität und Hilfestellung durch andere Familien in ähnlicher Lage.

3.4 Theo

3.4.1 Ausgangslage und Fragestellung

In Theos Fall geht es, aus Außensicht beschrieben, um geringe Frustrationstoleranz. Theo besucht – unterstützt durch eine Schulbegleiterin – die sechste Klasse einer Oberschule und wird von der Schule zwar als ein Schüler mit »durchwachsenen« Leistungen, aber mit einem großen nicht genutzten Leistungspotenzial beschrieben. Was der Schule jedoch Sorgen bereitet, sind Theos häufige Wutanfälle, deren Entstehungsbedingungen für die Schule meist nicht erkennbar sind. In den letzten Monaten verzeichnet die Schule eine starke Zunahme dieser Anfälle, die teils mit Sachbeschädigungen einhergehen. Die Schule ruft fast täglich die Eltern an, damit diese Theo frühzeitig von der Schule abholen. Inzwischen hat Theos Mutter sogar ihre Arbeitsstelle aufgegeben und hält sich täglich in der Schule vor dem Klassenraum ihres Sohnes auf, damit sie sich im Eskalationsfall um Theo kümmern und mit ihm zusammen nach Hause fahren kann. Obgleich die Schule die Anwesenheit der Mutter in der Schule begrüßt, führt dies bisher nicht zu der erhofften Abnahme seiner Wutreaktionen oder seiner langen Diskussionen auch bei unwesentlichen Anlässen.

3.4.2 Informationen zum Schüler/Pädagogische Diagnostik

Theo lerne ich bereits im Vorschulalter im Diagnostik- und Beratungsrahmen als ein aufgewecktes und sehr gesprächiges Kind kennen. Zur Diagnosestellung kommt es in einem komplexen diagnostischen Prozess, an dem mehrere Diagnostikstellen beteiligt sind und der bisweilen durch Konflikte mit der Mutter gekennzeichnet ist, die ihrerseits sowohl Diagnosen in Frage stellt als auch sich grundsätzlich ablehnend dem diagnostischen Prozess gegenüber zeigt. Theo wird eine gesicherte Autismusdiagnose im Sinne des Asperger-Syndroms bescheinigt. Darüber hinaus werden emotionale Besonderheiten in der Mutter-Kind-Beziehung diskutiert.

In einem gemeinsamen Gespräch im Kindergarten mit den zwei zuständigen Erzieherinnen und der Kindesmutter offenbart sich einmal mehr die dynamische Komplexität des Falles. Trotz positiv verlaufender Vorbereitungen auf den Schulbesuch ist die Mutter-Kind-Beziehung weiterhin angespannt. Eine der beiden Erzieherinnen bereitet mit Theo – und mit weiteren fünf Kindern – intensiv den anstehenden Schulbesuch vor, indem sie über die Strukturen in der vorgesehenen Schule sprechen, Besuche in der Schule machen, die Räume der Schule und den Klassenraum besichtigen, Termine mit der künftig zuständigen Klassenlehrerin vereinbaren etc. Diese pädagogischen Maßnahmen entstehen vor dem Hintergrund von Theos vehementen Aussagen, die Schule nicht besuchen und im Kindergarten bleiben zu wollen. Im Zuge der Vorbereitungen geben die Erzieherinnen die sukzessive Entwicklung einer positiven Sicht bei Theo hinsichtlich des anstehenden Schulbesuchs an. So würde er inzwischen eine deutliche Bereitschaft zum anstehenden Schulbesuch zeigen. Auch habe er in den letzten Monaten einen guten Kontakt zu einem anderen Kind im Kindergarten, das ebenfalls in Theos Klasse komme.

Währenddessen stehen im familiären Umfeld zu dem damaligen Zeitpunkt nicht die Schulvorbereitungen, sondern vielmehr die Auseinandersetzung mit der neu gestellten Diagnose und die Konfliktsituationen zuhause im Vordergrund. Regelmäßig und offen

3.4 Theo

führt die Mutter unter Tränen Gespräche mit Theo über die gestellte Diagnose und über sein Anderssein. Theo, der eh zur Selbstabwertung neigt, stellt Fragen hierzu, wie: »Warum ist es bei mir so, Mama?« Viele verblüffende Äußerungen der Mutter machen darüber hinaus deutlich, welche erheblichen Schwierigkeiten die Mutter mit dem Anderssein ihres Kindes hat. Abschließend werden seitens der Mutter als Antwort auf Theos Frage Situationen bzw. Themen skizziert, welche des Öfteren zu Konflikten führten und den ausgeprägten Gerechtigkeitssinn Theos, Entscheidungsschwierigkeiten sowie Übergangssituationen (sich für die Schule fertig machen, ins Bett gehen etc.) umfassen.

Nach diesem bedeutsamen biografischen Exkurs kehren wir zur Gegenwart und zur aktuellen Situation in der sechsten Klasse zurück. Zur Erinnerung: Dort wird von Wutanfällen Theos berichtet, deren Hintergrund unklar ist und die schwer zu kontrollieren sind. Die Situation hat sich derart zugespitzt, dass inzwischen die Mutter Theo während des Schulbesuchs begleitet und sich während des gesamten – inzwischen verkürzten – Schultags vor dem Klassenraum aufhält. Es gilt hierbei zunächst, mehrquellenbasiert Theos Welt und Verhalten besser zu verstehen, wobei diese Quellen in erster Linie Theo selbst, aber ebenfalls familiäre und schulische Akteure sowie die Beobachtung in der Schule einschließen.

Im geschützten therapeutischen Raum initiiert Theo zunächst unvermittelt ein Gespräch über eigene Gegenstände, die er »loswerden« möchte. Auch fallen sein großes Interesse für Vulkane, eine große motorische Unruhe, ein ausgeprägtes Dominanzverhalten, wütende Reaktionen auf veränderte Abläufe und enorme Schwierigkeiten im Erfassen sozioemotionaler Situationen auf. Theo berichtet des Weiteren von einem guten Freund, mit dem er sich regelmäßig zum Spielen verabrede. Die Frage, warum ausgerechnet dieses Kind sein bester Freund sei, beantwortet Theo mit: »Weil er mich wohl so nett findet.«

Im Rahmen von Hospitationen im Unterricht wirkt Theo orientierungslos und reagiert besonders in undurchsichtigen Situationen ungehalten und wütend. Er äußert dann lautstark in der Klasse, dass ihm langweilig sei. Andere Kinder in der Klasse zeigen sich genervt und beschweren sich bei der Lehrerin. Neben wenig strukturierten Situationen ließen sich Störungen des Unterrichts von Seiten Theos in Situationen beobachten, in denen Theo warten muss, wenn Pläne sich ändern, wenn er das Verhalten anderer Kinder nicht versteht und besonders, wenn er sich kritisiert fühlt oder andere sich nicht auf seine Vorschläge einlassen. Konzentriert und ausgeglichen zeigt sich Theo dagegen in kontrollierten Situationen, etwa wenn er ein Referat in seiner Klasse zum Thema Vulkane hält.

Im vertraulichen therapeutischen Kontext werden ebenfalls Gespräche mit den Eltern geführt. Diese berichten von ähnlichen herausfordernden Situationen im häuslichen Umfeld sowie von sehr vielen »Diskussionen« mit Theo. Während die Mutter dominant und zugleich stets mit den Tränen kämpfend auftritt, ist die »Wortlosigkeit« des Vaters kaum zu verkennen. Die Gespräche gestalten sich insofern schwierig, als dass Theos Diagnose ihren Schatten auf alles andere wirft. Während die Diagnose unverrückbar im Mittelpunkt der Gespräche mit den Eltern steht, stellt die Schule in Gesprächen mit dem Therapeuten immer wieder die Eignung der eigenen Schule für »Schüler*innen wie Theo« in Frage.

Zusammengefasst lässt sich fußend auf den Gesprächen mit allen Akteuren sagen, dass die Ausgangslage für mögliche Interventionen bezogen auf alle zu berücksichtigenden Faktoren (vor allem die Umfeldfaktoren) und deren Zusammentreffen ausgesprochen schwierig und ungünstig ist.

3.4.3 Pädagogische Intervention

Schülerbezogene Interventionen

Wir haben es hier also mit einer für Theo in besonderem Maße ungünstigen Situation zu tun, die sich bezogen auf die Familie, die Schule und auf Theo selbst wie folgt resümieren lässt:

3.4 Theo

- Eine Schule, die Theo als nicht richtig für diese Schule sieht.
- Eine Mutter, die Theo mit dieser Diagnose als nicht richtig sieht.
- Theo, der sich als nicht richtig sieht und versucht, mit allen Mitteln »richtig« zu werden und die Kontrolle zu behalten.

Diese Dramatik lässt sich therapeutisch und pädagogisch gewiss nicht mit bloßen Strukturierungs- und Visualisierungsmaßnahmen beseitigen. Im Prinzip müsste bei allen Akteuren ein Umdenken, genauer gesagt ein Um-Fühlen erreicht werden, welches mit ›einfachen‹ therapeutischen Mitteln und mit einem schnellen Tempo nicht zu erreichen ist. Ein schwerer Druck lastet auf dem Therapeuten, der schnell handeln muss, weil Theo (latent seitens der Schule) schnell geeignet für die Schule werden muss, er schnell (latent seitens der Familie) seine Diagnose ›loswerden‹ muss und Theo selbst sich schnell richtig fühlen muss.

Somit muss mit Theo, seinen Eltern und seiner Schule intensiv an einer grundlegenden Veränderung gearbeitet werden, die Theo als ›richtig‹ ansieht und die besonders angesichts der beteiligten Systeme utopisch anmutet. Eine grundlegende Veränderung bei Theo anzustreben und hierfür wie bisher direktive Forderungen an ihn zu richten, um sein ›unangemessenes‹ Verhalten zu ändern, würde sein Falschsein-Gefühl nur verstärken. Im Mittelpunkt der Therapie steht somit eine therapeutische Beziehung, die als Korrektiv einer bisherigen Dynamik zu verstehen ist und dementsprechend folgende Elemente als zentral sieht (vgl. Nashef, 2019):

- eine neugierige und nicht wissende therapeutische Haltung,
- eine ressourcenorientierte und auf Stärken fußende Zusammenarbeit,
- eine Kontrolle ermöglichende therapeutische Begegnung im geschützten therapeutischen Raum,
- eine mentalisierende, verstehende Begegnung,
- das Angebot eines sicheren Raums, der einen Platz für wichtige Objekte in Theos Leben zur Verfügung stellt.

3 Fallvignetten

Erst einige Monate nach Beginn dieser therapeutischen Arbeit und mit der Entfaltung einer profunden Vertrauensbasis lassen sich ergänzend konkrete Maßnahmen für den Schulalltag mit Theo thematisieren und lässt sich mit ihm gemeinsam nach Entlastungswegen suchen. Theo selbst unterstreicht hierbei, dass ihn bestimmte schulische Themen langweilen und dass er gern mehr Platz für sein Interessengebiet in der Schule hätte. Auch bringt er zur Sprache, dass ihn der Umstand ärgere, wenn er oder andere Schüler*innen ungerecht behandelt würden. Theo zeigt sich offen für die Überlegung des Therapeuten, dass ihm die Hintergründe einer Entscheidung, z. B. einer Notengabe, erklärt werden könnten.

Schulbezogene Interventionen

Gewiss muss hier die grundlegende Frage aufgeworfen werden, wie eine Handlungsempfehlung für Theo aus therapeutischer Sicht in einer Schule aussehen kann, die grundsätzlich den Schüler als »falsch« an der Schule sieht und eine »richtige« Beschulung lediglich im Rahmen einer Förderschule/einer anderen Schule für indiziert einschätzt. Ist hier eine längerfristig angelegte Zusammenarbeit mit der Schule die Strategie der Wahl? Oder soll das Vorgehen in Form der Übermittlung einer ›Bedienungsanweisung‹ für die Schule im Sinne einer Schadensbegrenzungsstrategie zum Umgang mit Theo vonstattengehen?

Auch im Sinne einer vertrauensbildenden Maßnahme wird zunächst vereinbart, regelmäßige Gespräche im Abstand von zwei Wochen stattfinden zu lassen. An den Gesprächen nehmen neben der Klassenlehrerin die Schulbegleiterin, die Eltern und der zuständige Therapeut teil. Die Rolle des Therapeuten umfasst hierbei einerseits die Dolmetscherfunktion zwischen Theo und der Schule und andererseits den Versuch, ein generelles Verstehen für Theos Situation zu erreichen. Alleine die Wahrnehmung der vereinbarten Termine sowie die zielführende positive Atmosphäre in den ersten Gesprächen lässt einen vorsichtigen Optimismus verspüren. Dies änderte sich jedoch prompt nach einer erneuten Situation, in der Theo in einer

Wutsituation die Klassentür beschädigt. Schulakteure, einschließlich der Klassenlehrerin, nehmen daraufhin außerhalb der vereinbarten Gespräche immer wieder Kontakt zur Mutter auf und hinterfragen erneut, ob Theo an der Schule »richtig« sei. Auch schlagen sie der Mutter eine in der Nähe befindliche Förderschule vor und »schwärmen« von dieser Schule und ihrer Eignung für Theo. Sie bieten ihre Unterstützung bei einem etwaigen Wechsel an. Die Mutter gibt unter diesen Bemühungen nach und veranlasst gemeinsam mit der Schule einen Schulwechsel an die besagte Förderschule.

Elternbezogene Interventionen

Angesichts der schweren Belastung der Familie und vor allem der Mutter zielt die Familienarbeit einerseits auf die Stärkung des Familiensystems und die Aufnahme der damit einhergehenden Sorgen und andererseits auf die Sensibilisierung der Wahrnehmung der Stärken und Fähigkeiten Theos ab. Der – sprachlose – Vater wird in diese Arbeit explizit aufgenommen und kann, ohne hier in die therapeutischen Details zu gehen, im weiteren Verlauf seine Wortlosigkeit zur Familiensituation zum Ausdruck bringen. Der väterliche Beitrag zeigt sich als besonders hilfreich und konstatiert die eigenen Gefühle der Tabuisierung und Ablehnung seines eigenen Autismus durch die mütterliche Ablehnung der kindlichen Diagnose. Dieser Beitrag zeigt sich als Evidenzerfahrung der Mutter, eine Erkenntnis, die sie verblüfft und zugleich eine systemische Bewegung in Gang setzt. Obgleich das Depressive bei der Mutter sichtbar wird, entstehen ein neuer Umgang und vor allem ein neues Verstehen für Theos Situation. Diese Entwicklung zeigt sich deutlich in der Bereitschaft der Mutter zur Teilnahme an einer speziellen Multifamilientherapie für Familien mit Kindern und Jugendlichen mit Autismus, ein Angebot, das sie bisher – aufgrund der Nähe zur Diagnose – strikt ablehnte.

3.4.4 Evaluation

Obgleich der Schulwechsel einen Rückschlag für Theo darstellt und sein Nichtrichtigsein dadurch eine weitere Bestätigung zu erfahren scheint, überwiegen die konträren Signale. Diese offenbaren sich in einem – trotz depressiver Entwicklung – veränderten Zugang der Mutter zu Theo, in einem verstehenden therapeutischen Raum mit einem Korrektiv gegenwärtiger und vergangener Beziehungserfahrungen und nicht zuletzt in einer durch Wohlwollen und Interesse gekennzeichneten aufnehmenden Schule.

Der vorbereitende Transfer von Erkenntnissen aus dem geschützten therapeutischen Raum in die – neue und von Anfang an Theo gegenüber offene – Schule gestaltet sich unter den veränderten Rahmenbedingungen vergleichsweise leicht. So können im Vorfeld des prompten Schulwechsels mehrere Vorbereitungstermine mit der neuen Klassenlehrerin, der Schulleitung, den Eltern, der Schulbegleiterin und dem Therapeuten stattfinden. Auch Theo wird von Seiten der Schule befragt, ob er an diesen Terminen teilnehmen möchte. Er kann eine klare Rückmeldung geben, dass er an Terminen in einer reduzierten Runde teilnehmen möchte. So nimmt er an Terminen mit der Klassenlehrerin, der Schulbegleiterin und dem Therapeuten teil, in denen konkrete Vereinbarungen getroffen werden können. Auch nach dem Schulwechsel werden diese Gespräche in vierwöchigen Abständen fortgesetzt. Die Offenheit, Kommunikation und Transparenz der Schule gegenüber Theo tragen erheblich zu einer von Beginn an ausgeprägten Vertrauensbasis bei, die es der Schule ermöglicht, konkrete Vereinbarungen mit Theo zu seinem Verhalten zu treffen. Es wird sichtbar, wie auf Basis einer guten und ressourcenorientierten Beziehung der Schule zu Theo seine Kompromissbereitschaft deutlich zunimmt. Mit Theo werden unter anderem Verhaltensregeln in der Schule besprochen, Strategien bzw. ein Plan zum Umgang mit überwältigenden Gefühlen erarbeitet, Fremd- und Selbstinstruktionsstrategin in bestimmten Situationen besprochen, tägliche Reflexionen des jeweiligen Schultages durchgeführt und Schul- und Klassenentscheidungen erläutert.

3.4 Theo

Die fortschreitende Depression der Mutter veranlasst sie, eine stationäre Behandlung in Anspruch zu nehmen, die im Anschluss durch eine ambulante Psychotherapie fortgesetzt wird. Theos Vater sucht ebenfalls eine ambulante Psychotherapie auf, in deren Rahmen unter anderem deutliche psychische Ähnlichkeiten zwischen ihm und Theo herausgearbeitet werden. Im Zuge einer anschließenden Diagnostik in einer Klinik wird bei dem Vater ebenfalls eine Autismus-Spektrum-Störung im Sinne des Asperger-Syndroms festgestellt. Trotz gelegentlicher Rückfälle lässt sich bei Theo eine erkennbare Abnahme herausfordernder Situationen feststellen. Abschließend soll nicht unerwähnt bleiben, dass der Vater und Theo gemeinsam aktive Mitglieder einer Organisation werden, die sich mit Naturphänomenen und Klimawandel befasst.

4 Abschließende Anmerkungen

Fallvignetten bieten eine gute Möglichkeit der vertieften und zugleich einzelfallbezogenen und somit freien sowie offenen Auseinandersetzung mit einem Thema, um die konkrete Situation eines/einer Schüler*in mit Autismus in einem individuellen Umfeldkontext in den Fokus zu nehmen. Mit anderen Worten handelt es sich hierbei um eine humane Betrachtung, die von einem Menschen/einer Situation ausgeht statt von – von der Person entkoppelten – Diagnosekriterien bzw. Methodenrepertoires. Dies zeigt sich deutlich anhand der dargestellten Fallvignetten, die trotz des gemeinsamen Nenners einer Autismusdiagnose doch deutlich divergieren. Abgeleitet von diesen Fällen kristallisieren sich Grundsätze pädagogischer Interventionen heraus, die im Folgenden eine explizite Erwähnung finden sollen.

Offenheit

Obwohl Offenheit so trivial zu sein scheint, dass eine Erwähnung überflüssig anmutet, zeigen die vorgestellten Fallvignetten, wie zentral dieser Grundsatz für den erfolgreichen Ausgang eines Falls und global für das Miteinander ist. Bewusst wird hier dieser Terminus statt anderer Termini wie ›Toleranz‹ oder ›Akzeptanz‹ gewählt, die eine Art Kompromiss und nicht wert- bzw. wertungsfrei sind. Offenheit beschreibt hier einen – auch methodischen – Zugang, zu dem vor allem Neugierde, Interesse, Unvoreingenommenheit, Flexibilität und Reflexion gehören. Die vierte Fallvignette offenbart deutlich, dass eine ›Wo-Beschulung‹ anstelle von ›Wie-Beschulung‹ die Situation des Einzelnen verkennt und einer Offenheit entgegensteht. Mit Adorno (1951, 183 ff.) bildet die Anerkennung des »Rechtes auf Verschiedenheit« und darauf, »ohne Angst verschieden sein zu können«, die Basis einer »emanzipierten Gesellschaft« und somit der konkreten offenen schulischen Praxis (vgl. am Beispiel der Begabungsförderung Wolff, 2021).

Kooperation
Gerade in Anbetracht der oft divergierenden sozialen Orientierung von Schüler*innen mit Autismus hat eine rege und gelingende Kooperation innerhalb der Schule sowie mit anderen außerschulischen Akteur*innen und vor allem mit den Eltern, die die primären Expert*innen für ihr Kind sind, eine immense Bedeutung. Wie bereits an einer anderen Stelle skizziert, ist von einer Kooperation und Zusammenkunft ausschließlich im Falle von externalisierenden Verhaltensweisen des/der Schüler*in abzuraten. Eine initiale regelmäßige Kooperation und ein ebensolcher Austausch haben in erster Linie einen nicht zu bagatellisierenden präventiven Charakter, der die Schaffung und Optimierung des schulischen Rahmens für alle Schüler*innen ermöglicht. Bezogen auf die Multifamilienarbeit im Schulkontext, aber gewiss auch über die Grenzen eines einzigen Ansatzes hinaus, beschreibt Fonagy mit deutlichen Worten die Signifikanz der Verbindung von Schule und Familie: »Familien in die Schule zu bringen, durchbricht eine unnatürliche Barriere im Leben der Kinder. Gerade für Kinder, bei denen das Leben von Spaltung geprägt ist, können eine gemeinsame Sprache und eine nahtlose natürliche Kontinuität, wo früher Fragmentierung vorherrschend war, entstehen.« (Dawson et al., 2020).

Ganzheitlichkeit
Ganzheitlichkeit umfasst zweierlei Aspekte: Der erste Aspekt bezieht sich auf den Umstand, dass die jeweilige Schule nicht der einzige Faktor im Leben des/der Schüler*in ist. Der/die Schüler*in bringt eigene psychische Dispositionen mit, eigene Erfahrungen in früheren Systemen, das Kind lebt in einer Familie, die mit mehr oder weniger Belastungen zu kämpfen hat. Diese Faktoren müssen stets eine Berücksichtigung bei jedwedem Handeln finden, denn eine separierende Betrachtung verkennt die Komplexität des Menschen. Der

zweite Aspekt bezieht sich auf konkrete Maßnahmen und Interventionen, die niemals ausschließlich kindsbezogen sein können und sollen. Im Fokus der Interventionen kann nicht nur das Kind stehen, sondern genauso sind die schulischen – z.B. räumlichen und personellen – Rahmenbedingungen, die Unterrichtsstruktur, die Lehrkräfte usw. zu beachten. Schlussendlich entstehen jede Situation und jede Reaktion direkt im Kontext einer Wechselwirkung verschiedener Akteure und Kontextbedingungen.

Struktur
In der autismusspezifischen Fachliteratur stößt der/die Leser*in kontinuierlich auf die Wichtigkeit von Strukturen in der Zusammenarbeit mit Menschen mit Autismus. Daher ist es nicht verwunderlich, dass eine der verbreitetsten Methoden im Kontext Autismus der inzwischen klassische TEACCH-Ansatz ist, der räumliche, zeitliche und andere Strukturierungshilfen bietet. Obgleich Strukturen im Sinne einer Orientierungsbasis für Menschen mit Autismus unumstritten von großer Bedeutung sind, muss doch konstatiert werden, dass die Einführung von Strukturen nicht konkretistisch zu begreifen ist und nicht zu einer Rigidisierung und Überstrukturierung führen soll. Während Strukturierung ein Angebot von Schutz als Mittel und nicht als Zweck darstellt, muss die komplementäre Möglichkeit der Aufgabe von Strukturen bzw. »geschützter Ausflüge« in die nicht strukturierte Welt der Gefühle, Gedanken etc. gegeben sein. Hier muss somit die Frage gestellt werden, ob auf die durch die Umgebung eingeführten Strukturen verzichtet werden muss oder diese aus der momentanen Perspektive unbedingt fortzusetzen sind. Eine pauschale Fortführung von Strukturen ohne ein subjektives Erfordernis kann ein Hindernis für die weitere Entwicklung bedeuten, wogegen eine verfrühte und somit kontraindizierte Aufgabe von Strukturen psychische Belastungen und Zusammenbrüche herbeiführt (vgl. Rödler, 2019).

Intersubjektivität
Während das Kind mit Autismus sowohl in therapeutischen als auch

4 Abschließende Anmerkungen

pädagogischen Zusammenhängen oft das Objekt der Behandlung bzw. pädagogischer Maßnahmen ist, zeigen die Fallvignetten, dass eine Akzentverschiebung hin zum »Zwischenraum«, zur »Intersubjektivität« eine nicht nur genuin humanistische, sondern genauso die Basis einer erfolgreichen Praxis und Beziehung (Nashef, 2019) darstellt. Unsere Handlungsempfehlungen und unsere Interventionen gestalten sich schlussendlich anders, wenn statt gestörter Kommunikation des Kindes von einer gestörten Kommunikation des Settings oder statt herausforderndes Verhaltens des Kindes von einer herausfordernden Situation die Rede ist. Auch in diesem Grundsatz wird am Beispiel des Autismus dem allgemeinen Recht auf Verschiedenheit Rechnung getragen.

5 Auswahl hilfreicher Ressourcen und Literatur

5.1 Ressourcenauswahl

5.1.1 Interessenvertretungen

Autismus Deutschland e. V.

Der Bundesverband Autismus Deutschland ist der Dachverband der regionalen Verbände und vertritt die Interessen von Menschen mit Autismus und deren Familien. Neben der Auseinandersetzung mit Rechtsfragen und Hilfsangeboten für diese Menschen veranstaltet Autismus Deutschland Fachtagungen und Kongresse, hat ein vielfältiges Fortbildungsangebot und gibt hilfreiche Informationsmaterialien, Fachbücher und eine regelmäßig erscheinende Zeitschrift heraus. Autismus Deutschland hat über 10.000 Mitglieder. https://www.autismus.de/

5.1.2 Autismus-Therapiezentren

Die Regionalverbände betreiben Autismus-Therapiezentren, bisweilen Autismus-Institute oder Autismus-Ambulanzen genannt, die über das gesamte Bundesgebiet verteilt sind. Neben variierenden Angeboten dieser Zentren besteht ihre Hauptaufgabe in den einzel- und gruppentherapeutischen Angeboten für Menschen mit Autismus, in der Unterstützung des Umfelds sowie in Selbsthilfeangeboten.

5.1 Ressourcenauswahl

5.1.3 Schulbehördliche Unterstützungsstellen

Regionale schulische Unterstützungszentren

In den Bundesländern gibt es schulische Zentren, deren Aufgabe die Unterstützung der Schulen und der Schüler*innen mit Förderbedarfen ist, etwa solche mit Autismus. Die Bezeichnung dieser Zentren unterscheidet sich je nach Bundesland. So wird die Unterstützung im Land Bremen durch »Regionale Beratungs- und Unterstützungszentren« (ReBUZ) gewährleistet. Der Ansprechpartner in Niedersachsen sind die »Regionalen Landesämter für Schule und Bildung« (RLSB). Die Unterstützung der Hamburger Schulbehörde ist in 13 »Regionale Bildungs- und Beratungszentren« (ReBBZ) aufgeteilt. Schleswig-Holstein gründete im Schuljahr 2020/21 ein »Landesförderzentrum Autistisches Verhalten« (LFZ-AV). In Bayern wird die Unterstützung durch die Mobilen Sonderpädagogischen Dienste (MSD) organsiert, darunter auch ein MSD mit dem Schwerpunkt Autismus. In Baden-Württemberg sind über das gesamte Land regionale Autismusbeauftragte verteilt, die für alle Schulformen zuständig sind. Die Angebote dieser Zentren richten sich in der Regel an Eltern, Schüler*innen sowie Lehrpersonal in den Schulen und umfassen eine große Bandbreite an Themen der sozioemotionalen Entwicklung, Lernentwicklung, Krisen sowie weiterer schulischer Themen.

5.1.4 Praktische Informationen und Materialien für Lehrkräfte

Das Bildungs- und Beratungszentrum Pädagogik bei Krankheit/Autismus (BBZ)

Das Bildungs- und Beratungszentrum Pädagogik bei Krankheit/Autismus (BBZ) ist in Hamburg ansässig und bietet dort Unterricht für Schüler*innen an, deren Beschulung aufgrund einer vorliegenden Erkrankung erschwert ist. Darüber hinaus berät das Team zu schulspezifischen Themen wie Nachteilsausgleichen, Inklusion etc. Besonders hilfreich sind zudem die auf der Homepage angebotenen Materialien, Handreichungen und Informationen. Hervorzuheben sind hierbei die »Arbeitshilfen Autismus und Schulen«. Diese Reihe umfasst mehrere Ausgaben, in denen jeweils ein Thema aus der Beratungsperspektive aufgegriffen wird. Zu diesen Themen gehören unter anderem »erste Schritte in der Unterstützung von Schülerinnen und Schülern mit Autismus«, »Umgang mit Spezialinteressen in Schule und Unterricht«, »Reflexionsgespräche führen« und »Gruppenarbeiten im Unterricht«. https://bbz.hamburg.de/arbeitshilfen-autismus/ (Abruf: 19.07.2023)

Staatsinstitut für Schulqualität und Bildungsforschung München

Neben den Kontaktdaten der Ansprechpersonen des Mobilen Sonderpädagogischen Dienstes Autismus (MSD-A) finden sich hier besonders hilfreiche Materialien in Form von Infobriefen sowie Praxishilfen zu unterschiedlichen Themen (z.B. eine Vorlage für das Erstgespräch mit Eltern eines/einer Schüler*in mit Autismus, eine Vorlage für die Vorbereitung runder Tische, »Medizinische und psychologische Grundlagen des Autismus« etc.). Weitere Dokumente werden aktuell überarbeitet (Stand: Juli 2023). https://www.isb.bayern.de/schularten/foerderschulen/autismus/ (Abruf: 19.07.2023)

Verein Menschenskinder e.V.

Dieser Verein zur Unterstützung psychisch kranker Kinder und Jugendlicher in Würzburg und Unterfranken stellt auf seiner Homepage diverse hilfreiche Materialien zur Verfügung, auch im Zusammenhang mit dem Schulbesuch von Kindern und Jugendlichen mit Autismus. Hier finden sich ansprechende Materialien, unter anderem zu den folgenden Themen: »Sport mit Autismus«, »Handreichung zum Klassengespräch« und »Was tun, wenn Schüler Autismus haben? Erklärungen – Hilfemaßnahmen – Beispiele«. https://verein-menschenskinder.de/therapiematerialien/ (Abruf: 19.07.2023)

5.2 Literaturauswahl

5.2.1 Einführungsliteratur

Freitag, C. M., Kitzerow, J., Medda, J., Soll, Sophie & Cholemkery, H. (2017): Autismus-Spektrum-Störungen. Hogrefe, Göttingen.
Dieses Buch ist ein Einführungswerk im Rahmen der Reihe »Leitfaden Kinder- und Jugendpsychotherapie«, das durch eine ausgeprägte wissenschaftliche Orientierung hervorsticht und neben dem Stand der Forschung diagnostische und therapeutische Aspekte umfasst.

Girsberger, Th. (2021): Die vielen Farben des Autismus. Spektrum, Ursachen, Diagnose, Therapie und Beratung. 6., überarbeitete Auflage. Kohlhammer, Stuttgart.
Bereits in der 6. Auflage veranschaulicht dieses Buch mit einem Farbschema die Autismusformen. Auch der Beratungsaspekt kommt hier nicht zu kurz. Neben Fallvignetten finden sich im Buch ebenfalls schulbezogene Informationen. 2024 erschien die 7. Auflage.

Kamp-Becker, I. & Bölte, S. (2021): Autismus. 3., vollständig überarbeitete Auflage. Ernst Reinhardt Verlag, München.
Das Buch von Inge Kamp-Becker und Sven Bölte ist ein Handbuch im kleinen Format, das trotzdem alle wichtigen Themen in den Blick nimmt.

Noterdaeme, M., Ullrich, K. & Enders, A. (2017) (Hrsg.): Autismus-Spektrum-Störungen (ASS): Ein integratives Lehrbuch für die Praxis. 2., überarbeitete und erweiterte Auflage. Kohlhammer, Stuttgart.
Hierbei handelt es sich inzwischen um ein Standardwerk, das ausführlich auf mehr als 450 Seiten alle relevanten Themen mit einer soliden wissenschaftlichen Verankerung behandelt.

Rittmann, B. & Rickert-Bolg, W. (Hrsg.) (2017): Autismus-Therapie in der Praxis: Methoden, Vorgehensweisen und Falldarstellungen. Kohlhammer, Stuttgart.
Das von Rittmann und Rickert-Bolg herausgegebene Werk mit Beiträgen verschiedener Fachleute aus der Praxis ist ein umfassendes Buch mit dem Schwerpunkt Therapie, wobei andere Aspekte wie Schule, Arbeit etc. nicht zu kurz kommen. Vor allem die Vielfalt therapeutischer Möglichkeiten kommt hier zum Tragen.

5.2.2 Autismus und Schule

Autismus Deutschland (2021): Schulbegleitung für Schüler:innen mit Autismus.
Eine der vielen gelungenen und praxisnahen Veröffentlichungen des Bundesverbandes, hier mit sehr hilfreichem Input zu verschiedenen Aspekten der schulischen Begleitung von Schüler*innen mit Autismus.

Horbach, B. (2017): Praxishandbuch Autismus. Konkrete Strukturierungshilfen zur Förderung von Schülern im Autismus-Spektrum. 2. Auflage. Persen Verlag, Hamburg.
Mit einer großen Praxisorientierung werden in diesem Heft für die Klassen 1–10 konkrete Strukturierungshilfen in Beziehung zu unterschiedlichen Themenbereichen und Verhaltensweisen gesetzt.

Markowetz, R. (2020): Schüler mit Autismus-Spektrum-Störung im inklusiven Unterricht. Praxistipps für Lehrkräfte. Reinhardt Verlag, München.
Praxisorientiertes Buch, das neben der Förderdiagnostik und -planung konkrete Handlungsempfehlungen sowie autismussensible Fördermaßnahmen vermittelt.

Reichstein, P. (2019): Autismus: Förderideen für Deutsch und Mathematik. Strukturierte Übungen für den Unterricht mit Schülern im Autismus-Spektrum. Persen Verlag, Hamburg.

5.2 Literaturauswahl

Hier werden konkrete autismussensible Übungen für die Fächer Deutsch und Mathematik für die erste bis neunte Klasse vorgeschlagen.

Schirmer, B. (2019): Nur dabei zu sein reicht nicht. Lernen im inklusiven schulischen Setting. Kohlhammer, Stuttgart.
Nach dem klassischen Ratgeber von Brita Schirmer, der 2016 in 4. Auflage beim Reinhardt-Verlag erschienen ist, befasst sich dieses ebenfalls gelungene Werk mit der Vorbereitung und Gestaltung inklusiver Beschulung von Schüler*innen mit Autismus. Das Buch enthält zudem hilfreiche Checklisten im Anhang.

Schuster, N. (2020): Schüler mit Autismus-Spektrum-Störungen. Eine Innen- und Außensicht mit praktischen Tipps für Lehrer, Psychologen und Eltern. 5. Aufl., Kohlhammer, Stuttgart.
Der in 5. Auflage erschienene Ratgeber von Nicole Schuster behandelt vielfältige Aspekte der Beschulung von Schüler*innen mit Autismus: von allgemeinen Problemen über fachspezifische Probleme bis hin zur Klassensituation und Umgang mit einem Praktikum. Ein ganzes Kapitel beschäftigt sich zudem mit häufig von Lehrkräften gestellten Fragen. 2024 erschien die 6. Auflage.

Teufel, K & Soll, Sophie (2021): Autismus-Spektrum-Störungen (Psychologie im Schulalltag). Hogrefe, Göttingen.
Dieses Werk widmet sich im Rahmen der Reihe »Psychologie im Schulalltag« dem Thema Autismus-Spektrum-Störungen. Neben den einführenden Aspekten zum Autismus befasst sich das Buch größtenteils mit konkreten Interventions- und Fördermaßnahmen in der Schule.

Theunissen, G. & Sagrauske, M. (2019): Pädagogik bei Autismus: Eine Einführung. Kohlhammer, Stuttgart.
Obgleich sich das Buch von Theunissen und Sagrauske nicht ausschließlich mit dem Schulbesuch von Menschen mit Autismus beschäftigt, sondern sich der Pädagogik bei Autismus in unterschied-

lichen Kontexten widmet, ist diese Lektüre vor allem aufgrund der besonderen Ressourcenorientiertheit als einer der prominentesten Vertreter des Empowerment-Konzepts empfehlenswert.

5.2.3 Klassenaufklärung

Bildungs- und Beratungszentrum Pädagogik bei Krankheit/Autismus, Abteilung Autismusberatung (2022): Klasseninformationsgespräche – mit Schulklassen über Autismus sprechen.
Neben gelungenen Ideen und Beispielen für die Umsetzung liegt der Schwerpunkt dieser Materialien auf der Vorbereitung eines Klassengesprächs. Enthalten sind hierbei eine Checkliste zur Vorbereitung sowie Vorbereitungsfragen an den/die Schüler*in mit Autismus. https://bbz.hamburg.de/wp-content/uploads/sites/264/2022/06/Ausgabe-6-Klasseninformationsgespra%CC%88che.pdf (Abruf: 18.05. 2023)

Poser-Radeke (2011): »Der tickt doch nicht richtig!« Mit Grundschülern über Autismus reden – ein Bericht aus der Beratungspraxis. In: Autismus Deutschland (Hrsg.): Inklusion von Menschen mit Autismus. Loeper, Karlsruhe, 374–390.
Symbolisch wird hier eine Uhrengeschichte »vom nicht richtigen Ticken« herangezogen. Es werden konkrete Übungen unter anderem zur Wahrnehmung und zu den Gefühlsausdrücken vorgestellt. Besonders gelungen ist die Nachbereitung mittels Briefwechsel mit Mitschüler*innen, die eine Aufklärung von im Gespräch eher zurückhaltenden Schüler*innen ermöglicht.

Gray, Carol (2013): Der sechste Sinn II: Ein Unterrichtsplan zum Thema Autismus. Autismusverlag, St. Gallen.
Dieses Buch der bekannten Autismusautorin Carol Gray beschäftigt sich anhand entsprechender Materialien mit der Auseinandersetzung mit den fünf Sinnen, um sich dann dem sechsten, nämlich dem sozialen Einfühlungssinn zu widmen. Nach Verlagsauskunft eignen sich

die Materialien für Schüler*innen im Alter zwischen sieben und zwölf Jahren.

5.2.4 Weitere Aufklärungsliteratur

Neumann, E. (2014): Manuel – Mein Leben mit Autismus. Aufklärung in der Grundschule. Kater Literaturverlag, Viersen.
In diesem Buch führt Manuel Grundschüler*innen mit kindgerechten Fotos an das Thema Autismus heran. Enthalten sind ebenfalls Hilfestellungen für Lehrkräfte.

Schreiter, D. (2014/2015/2018): Schattenspringer. Panini Verlag, Stuttgart.
Daniela Schreiter, eine Comic-Zeichnerin und Illustratorin, bringt auf besonders originelle und fabelhafte Weise ihre Innenwelt in diesen Schattenspringer-Bänden mit jeweils einem thematischen Fokus zum Ausdruck: »Wie ist es, anders zu sein« (2014), »Per Anhalter durch die Pubertät« (2015) und »Spektralfarben« (2018).

Seger, B. (2020): Was ist mit Tom? Geschichten zur Aufklärung über Autismus in Kindergarten und Grundschule, Loeper Verlag, Karlsruhe.
Wie im Buchtitel ersichtlich, ist das Buch eher für die jüngeren Schüler*innen geeignet. Die Geschichten sind kindgerecht und enthalten Beispiele, die für die Arbeit in Gruppen in der Klasse genutzt werden können.

Simsion, G. (2015): Das Rosie-Projekt. Fischer, Frankfurt a. M.
Die erfolgreiche Nr.-1-Bestseller-Trilogie »Das Rosie-Projekt« (2015), »Der Rosie-Effekt« (2016) und »Das Rosie-Resultat« (2021) sind lesenswerte Romane, die dem/der Leser*in unterhaltsam, aber ohne in Klischees zu verfallen das autistische Denken, Fühlen und Erleben näherbringen. Ein Debüt über das Selbstverständliche im Verschiedenen.

5 Auswahl hilfreicher Ressourcen und Literatur

Tschirren, B., Hächler, P. und Mambourg, M. (2015): *Ich bin Loris. Balance Buch, Köln.*

Das Buch ist für Kinder ab fünf Jahren geeignet; es geht um Loris und seine Geschichte, die mit ansprechenden Illustrationen untermauert wird. Am Beispiel von Loris und seinem Alltag werden autismusspezifische Besonderheiten und die Leichtigkeit der Inklusion kindgerecht vermittelt.

Literaturverzeichnis

Aarts, M. (2013): Marte Meo Programm für Autismus. Marte Meo International
Adorno, T. W. (1951): Minima Moralia. Reflexionen aus dem beschädigten Leben. Ausgabe 2001. Suhrkamp, Frankfurt a. M.
Alonim, A. H. (2004): The Mifne Method. Journal of Child & Adolescence Mental Health, 16(1), 39–43
American Psychiatric Association (2015): Diagnostisches und Statistisches Manual Psychischer Störungen – DSM-5 (Deutsche Ausgabe herausgegeben von Peter Falkai und Hans-Ulrich Wittchen, mitherausgegeben von Manfred Döpfner et al.). Hogrefe, Göttingen
Amiett, C., Gourfinkel-An, I., Bouzamondo, A., Tordjman, S., Baulac, M., Lechat, P., Mottron, L. & Cohen, D. (2008): Epilepsy in Autism is Associated with Intellectual Disability and Gender: Evidence from a Meta-Analysis. Biological Psychiatry, 64(7), 577–582
Andersen, I. M., Kaczmarska, J., McGrew, S. G. & Malow, B. A. (2008): Melatonin for insomnia in children with autism spectrum disorders. J Child Neurology, 23, 482–485
Andiel-Herche, M. & Lamaye, S. (2020): Marte Meo – ein videogestütztes Beratungsangebot. In: Döringer, I. & Rittmann, B. (Hrsg.): Autismus. Frühe Diagnose, Beratung und Therapie. Das Praxisbuch. Kohlhammer, Stuttgart, 210–216
Arbeitsgemeinschaft der Wissenschaftlichen Medizinischen Gesellschaften e. V. (AWMF) (2016): Autismus-Spektrum-Störungen im Kindes-, Jugend- und Erwachsenenalter: Teil I: Diagnostik. Interdisziplinäre S3-Leitlinie 028/018
Arens-Wiebel, Ch. (2019): Autismus: Was Eltern und Pädagogen wissen müssen. Kohlhammer, Stuttgart
Asen, E. & Scholz, M. (2017): Handbuch der Multifamilientherapie. Carl Auer, Heidelberg
Asperger, H. (1944): Die »autistischen Psychopathen« im Kindesalter. Archiv für psychiatrische Nervenkrankheiten, 117, 76–136
Attwood, T. & Gray, C. (1999): Die Entdeckung von »Aspie«. http://www.aspiana. de/neben/Aspie.pdf (Zugriff: 22.10.2023)
Autismus Deutschland e. V. (2013): Leitlinien zur inklusiven Beschulung von Schülern mit Autismus-Spektrum-Störungen. Hamburg

Autismus Deutschland e. V. Bundesverband zur Förderung von Menschen mit Autismus (2021): Schulbegleitung für Schüler:innen mit Autismus

AWMF (Hrsg.) (2016): Autismus-Spektrum-Störungen im Kindes-, Jugend- und Erwachsenenalter: Teil 1: Diagnostik. Registernummer: 028-018; S3-Leitlinie. Arbeitsgemeinschaft der Wissenschaftlichen Medizinischen Fachgesellschaften. https://www.awmf.org/leitlinien/detail/ll/028-018.html

Bach, H. (2006): Wer tauscht mit mir? Kommunikationsförderung autistischer Menschen mit dem Picture-Exchange Communication System (PECS). Ibidem-Verlag, Stuttgart

Baer, D. M., Wolf, M. M. & Risley, T. R. (1968): Some current dimensions of applied behavior analysis. Journal of Applied Behavior Analysis, 1, 91–97

Baeriswyl-Rouiller, I. (2014): Unterstützung der sozialen emotionalen und kommunikativen Entwicklung bei Kindern im Autismusspektrum mit dem MARTE MEO Konzept. Marte Meo Magazine 2014, Art. 16E

Baird, G., Simonoff, E., Pickles, A., Chandler, S., Loucas, T., Meldrum, D. & Charmann, T. (2006): Prevalence of disorders of the autism spectrum in a population cohort of children in South Thames: the special needs and autism project (SNAP). Lancet, 368 (9531), 210–215

Baron-Cohen, S., Leslie A. M. & Frith U. (1985): Does the autistic child have a theory of mind. Cambridge, MIT Press

Baron-Cohen, S., O'Riordan, M., Stone, V., Jones, R. & Plaisted, K. (1999): Recognition of faux pas by normally developing children with asperger syndrome or high-functioning autism. Journal of Autism and Developmental Disorders, 29(5), 407–418. https://doi.org/10.1023/A:1023035012436

Baron-Cohen, S., Wheelwright, S., Hill, J., Raste, Y. & Plumb, I. (2001): The »Reading the mind in the eyes« Test revised version: A study with normal adults, and adults with Asperger syndrome or high-functioning autism. Journal of Child Psychology and Psychiatry, 42(2), 241–251. https://doi.org/10.1111/1469-7610.00715

Bernhard-Opitz, V. (2009): Autismusspezifische Verhaltenstherapie (AVT) und Applied Behavior Analysis (ABA). In: Bölte, S. (Hrsg.): Autismus: Spektrum, Ursachen, Diagnostik, Intervention, Perspektiven. Bern, Huber. 242–259

Bernard-Opitz, V. & Nikopoulos, Ch. (2017): Lernen mit ABA und AVT – Applied Behavior Analysis und Autismusspezifische Verhaltenstherapie. Kohlhammer, Stuttgart

Billeiter, K. B. & Froiland, J. M. (2022): Diversity of Intelligence is the Norm Within the Autism Spectrum: Full Scale Intelligence Scores Among Children with ASD. Child Psychiatry Hum Dev. https://doi.org/10.1007/s10578-021-01300-9

Bleuler, E. (1911): Demetia Praecox oder die Gruppe der Schizophrenien. Verlag Franz Deuticke, Leipzig
Bölte, S., Feineis-Matthews, S. & Poustka, F. (2003): Frankfurter Test und Training des Erkennens von fazialem Affekt FEFA. Frankfurt a. M., J. W. Goethe Universitätsklinikum
Borg-Laufs, M. (2020): Die Funktionale Verhaltensanalyse. Ein praktischer Leitfaden für Psychotherapie, Sozialarbeit und Beratung. Wiesbaden, Springer
Borkenau, P. & Ostendorf, F. (2008): NEO-Fünf-Faktoren-Inventar nach Costa und Mc Crae (NEO-FFI). 2., neu normierte und vollständig überarbeitete Auflage. Hogrefe, Göttingen
Brehm, B., Schill, J. E., Biscaldi, M. & Fleischhaker, C. (2015): FETASS – Freiburger Elterntraining für Autismus-Spektrum-Störungen. Springer, Berlin
Brodersen, G & Castello, A. (2022): Schulangst: Pädagogische Förderung im Alltag. Kohlhammer, Stuttgart
Bruning, N., Konrad, K. & Herpertz-Dahlmann, B. (2005): Bedeutung und Ergebnisse der Theory of Mind-Forschung für den Autismus und andere psychiatrische Erkrankungen [Relevance and results of Theory of Mind research for autism and other psychiatric disorders]. Zeitschrift für Kinder- und Jugendpsychiatrie und Psychotherapie, 33(2), 77–88. https://doi.org/10.1 024/1422-4917.33.2.77
Bui, X, Quirk, C., Almazan, S. & Valenti, M. (2010): Inclusive Education Research and Practice, Maryland Coalition forr inclusive edeucation. https://selpa.in fo/uploads/files/files/Inclusion_Works_article.pdf (Zugriff: 19.05.2023)
Bundesinstitut für Arzneimittel und Medizinprodukte (BfArM) (o.J.): ICD-11 in Deutsch – Entwurfsfassung. https://www.bfarm.de/DE/Kodiersysteme/Klassi fikationen/ICD/ICD-11/uebersetzung/_node.html;jsessionid=3DD458F91 029590C847A2FE6DC7BF9B4.internet271 (Abruf 05.01.2023)
Carter, M. T. & Scherer, S. W. (2013): Autism spectrum disorder in the genetic clinic: a review. Clinical Genetics, 83, 399–407
Castello, A. (2017): Schulische Inklusion bei psychischen Auffälligkeiten. Kohlhammer, Stuttgart
Centers of Disease Control and Prevention (CDC) (2014): Prevalence of autism spectrum disorders among children aged 8 years – autism and developmental disabilities monitoring network. Surveillance Summaries,63, 1–21
Chen M. H., Pan T. L., Lan W. H., Hsu J. W., Huang K. L., Su T. P., Li C. T., Lin W. C., Wei H. T., Chen T. J. & Bai Y. M. (2017): Risk of Suicide Attempts Among Adolescents and Young Adults With Autism Spectrum Disorder: A Nationwide Longitudinal Follow-Up Study. J Clin Psychiatry. 2017 Nov/Dec; 78(9):e1174-e1179. doi: 10.4088/JCP.16 m11100. PMID: 28872268

Literaturverzeichnis

Chess, S., Fernandez, P. & Korn, S. (1978): Behavioral consequences of congenital rubella. Journal of pediatrics 93 (4), 699–703

Christensen, J., Grønborg, T. K., Sørensen, M. J., Schendel, D., Parner, E. T., Pedersen, L. H. & Vestergaard, M. (2013): Prenatal valproate exposure and risk of autism spectrum disorders and childhood autism. Journal of the American Medical Association, 309(16), 1696–1703

Coolican J., Bryson S. E. & Zwaigenbaum L. (2008): Brief report: data on the Stanford-Binet Intelligence Scales (5th ed.) in children with autism spectrum disorder. J Autism Dev Disord. 2008 Jan;38(1):190–7. doi: 10.1007/s10803-007-0368-2

Cordes, Y. & Serapinas, T. (2019): Arbeitstagung zum Forschungsprojekt ELKASS. Autismus 88, 13–16

Dawson, N., McHugh, B. & Asen, E. (2020): Die Familienklasse: Multifamiliengruppenarbeit in Schulen. Verlag Modernes Lernen, Dortmund

Demes, B. (2011): Als käme ich von einem anderen Stern. Schülerinnen und Schüler mit Aspergersyndrom. Athena, Oberhausen

Die Senatorin für Kinder und Bildung, Freie Hansestadt Bremen (2017): Handreichung zur Anwendung von Nachteilsausgleichen. https://www.transparenz.bremen.de/metainformationen/handreichung-zur-anwendung-von-nachteilsausgleichen-96639 (Abruf: 30.12.2022)

Dilling, H., Mombour, W., Schmidt, M. & Schulte-Markwort, E. (Hrsg.) (1994): Internationale Klassifikation psychischer Störungen. ICD-10. Kapitel V(F) – Forschungskriterien. Bern, Göttingen, Toronto, Seattle

Dominick, K., Davis, N., Lainhart, J., Tager-Flusberg, H. & Folstein, S. (2007): Atypical behaviours in children with autism and children with a history of language impairment. Res Dev Disabil, 28, 145–162

Drechsler, R. & Steinhausen, H. C. (2013): Verhaltensinventar zur Beurteilung exekutiver Funktionen (BRIEF). Hogrefe Testzentrale, Göttingen

Dunn, W. (2017): Sensory Profile 2. Deutsche Fassung. Pearson, Frankfurt a. M.

Dworzynski, K, Ronald, A., Bolton, P. & Happe, F. (2012): How different are girls and boys above and below the diagnostic threshold for autism spectrum disorders? Journal of the American Academy of Child and Adolescent Psychiatry, 51(8), 788–797

Dziobek, I. & Stoll, S. (2019): Hochfunktionaler Autismus bei Erwachsenen: Ein kognitiv-verhaltenstherapeutisches Manual. Kohlhammer, Stuttgart

Ebert, D, Fangmeier, T., Lichtblau, A., Peters, J., Biscaldi-Schäfer, M. & Tebartz van Elst, L. (2013): Asperger-Autismus und hochfunktionaler Autismus bei Erwachsenen. Das Therapiemanual der Freiburger Autismus-Studiengruppe. Hogrefe, Göttingen

Eckert, A., Canonica, C., Ullrich, K. & Markowetz, R. (2018): Evidenzbasierte schulische Förderung bei Autismus-Spektrum-Störungen. Schweizerische Zeitschrift für Heilpädagogik, 24 (9), 6–13

Eckert, A. & Sempert, W. (2013a): Kinder und Jugendliche mit Autismus-Spektrum-Störungen in der Schule – Ergebnisse einer Studie zur Praxis schulischer Förderung in der deutschsprachigen Schweiz. Empirische Sonderpädagogik, 1, 26–41

Eckert, A. & Sempert, W. (2013b): Checkliste zur schulischen Förderung von Kindern und Jugendlichen mit einer Autismus-Spektrum-Störung (ASS). Autismus 76/2013, 27–30

Elsabbagh, M., Divan, G., Koh, Y.-J., Kim, J. S., Kauchali, S., Marcin, C. et al. (2012): Global prevalence of autism and other pervasive developmental disorders. Autism research, 5(3), 160–179

Feinstein, A. (2010): A History of Autism: Conversations with the Pioneers. Wiley-Blackwell, Oxford

Fombonne, E. & Du Mazaubrun, C. (1992): Prevalence of infantile autism in four French regions. Social Psychiatry and Psychiatric Epidemiology, 27(4), 203–210

Frazier, T. W., Thompson, L., Youngstrom, E. A., Law, P., Hardan, A. Y., Eng, Ch. & Morris, N. (2014): A Twin Study of Heritable and Shared Environmental Contributions to Autism. J Autism Dev Disord 44 (8), 2013–2025

Freitag, C. M. (2021): Von den tiefgreifenden Entwicklungsstörungen in ICD-10 zur Autismus-Spektrum-Störung in ICD-11. Zeitschrift für Kinder- und Jugendpsychiatrie und Psychotherapie, 49 (6), 437–441. https://doi.org/10.1024/1422-4917/a000774

Fröhlich, U., Noterdaeme, M., Jooss, B. & Buschmann, A. (2013): Elterntraining zur Anbahnung sozialer Kommunikation bei Kindern mit Autismus-Spektrum-Störungen. Training Autismus – Sprache – Kommunikation (TASK). Urban & Fischer, München

Frost, L. & Bondy, A. (2011): Das Picture Exchange Communication System. Trainingshandbuch. 2. Aufl., Pyramid Educational Consults of Germanx, Rodgau

Gandal, M. J., Haney, J. R., Wamsley, B. et al. (2022): Broad transcriptomic dysregulation occurs across the cerebral cortex in ASD. Nature 611, 532–539

Ghaziuddin, M. & Greden, J. (1998): Depression in children with autism/pervasive developmental disorders: a case-control family history study. J Autism Dev Disord, 28, 111–115

Gillberg, C. (1991): Clinical and neurobiological aspects of Asperger-Syndrome in six family studies. Cambridge University Press, Cambridge

Gillberg, C. (2002): A guide to Asperger Syndrome. Cambridge University Press, Cambridge

Girsberger, T. (2015): Die vielen Farben des Autismus. Spektrum, Ursachen, Diagnose, Therapie und Beratung. 2., durchgesehene und aktualisierte Auflage. Kohlhammer, Stuttgart

Glück, C. (2011): Wortschatz und Wortfindungstest für 6- bis 10-Jährige (WWT 6-10). 2. Aufl. Urban & Fischer, München

Grabe, F. (2018): Defizitäre Erkennung fazialen Affekts bei Patienten mit Asperger-Syndrom. https://macau.uni-kiel.de/servlets/MCRFileNodeServlet/dissertation_derivate_00008372/Dissertation_Fabian_Grabe_Version_20190704.pdf (Zugriff: 22.10.2023)

Grabrucker, A. & Schmeißer, M. (2015): Ursachen. In: Theunissen, G. et al. (Hrsg.): Handlexikon Autismus-Spektrum. Kohlhammer, Stuttgart, 382–392

Grant, D & Berg, D. (1993): Wisconsin Card Sorting Test (WSCT). Hogrefe Testzentrale, Göttingen

Greenspan, S. & Wieder, S. (2001): Mein Kind lernt anders – Ein Handbuch zur Begleitung förderbedürftiger Kinder. Walter, Düsseldorf

Grimm, H. (2015): Sprachentwicklungstest für drei- bis fünfjährige Kinder (SEKT 3-5). 3. Aufl. Hogrefe, Göttingen

Grob, A. & Smolenski, C. (2009): Fragebogen zur Erhebung der ER bei Kindern und Jugendlichen (FEEL-KJ). 2. Aktualisierte und ergänzte Aufl. Huber, Bern

Gutstein, St. (2002): Relationship Development Intervention with Young Children. Jessica Kinsley, Philadelphia

Hadwin, J. A., Howlin, P. & Baron-Cohen, S. (2015): Teaching Children with Autism to Mind-Read: The Workbook. John Wiley & Sons, Chichester

Happé, F. G. E. (1994): An advanced test of theory of mind: Understanding of story characters' thoughts and feelings by able autistic, mentally handicapped, and normal children and adults. Journal of Autism and Developmental Disorders, 24(2), 129–154. https://doi.org/10.1007/BF02172093

Happé F. & Frith, U. (2006): The weak coherence account: Detail-focused cognitive style in Autism Spectrum Disorders. J Autism DEv Disord 36, 5–25

Hartmann, H. (2011): Erweiterte Aufmerksamkeits-Interaktions-Therapie (AIT): Kleines Lehrbuch der modernen Autismus-Therapie mit dialogischem Schwerpunkt. Dgvt, Tübingen

Hattie J. A. C. (2009): Visible Learning. A synthesis of ober 800 meta-analysis relating to achievement. Routledge, London

Häußler, A. (2000): Strukturierung als Hilfe zum Verstehen und Handeln: Die Förderung von Menschen mit Autismus nach dem Vorbild des TEACCH-Ansatzes. Lernen konkret, 4, 21–25

Literaturverzeichnis

Häußler, A. (2016): Der TEACCH Ansatz zur Förderung von Menschen mit Autismus. Einführung in Theorie und Praxis. 5. Aufl. Verlag Modernes Lernen, Dortmund

Häußler, A., Tuckermann, A. & Kiwitt, M. (2021): Wenn Verhalten zur Herausforderung wird. 2., überarb. und erw. Aufl. Borgmann, Dortmund

Hertz-Picciotto, I. & Delwiche, I. (2009): The rise in autism and the role of age at diagnosis. Epidemiology, 20(1), 84–90

Hoekman, J., Miedema, A., Otten, B. & Gielen, J. (2017): Skala zur Einschätzung der Sozial-Emotionalen Entwicklungsniveaus (SEN). Hogrefe, Göttingen

HowlIn, P., Baron-Cohen, S. & Hadwin, J. (1999): Teaching Children with Autism to Mind-Read: A Practical Guide. John Wiley & Sons, Chichester

Huber, M. (2020): Asperger-Syndrom im Schulalltag – eine professionelle und autobiographische Sicht. In: Springmann-Preis (Hrsg.): Notsignale aus dem Klassenzimmer – Hilfen und Lösungswege gemeinsam finden. utb, Stuttgart, 39–52

Hultman, C. M., Sandin, S., Levine, S. Z., Lichtenstein, P. & Reichenberg, A. (2011): Advancing paternal age and risk of autism: new evidence from a population-based study and a meta-analysis of epidemiological studies. Mol Psychiatry 16 (12), 1203–1212

Idring, S., Rai, D., Dal, H., Dalman, C., Sturm, H., Zander, E et al. (2012): Autismus spectrum disorders in the Stockholm Youth Cohort: design, prevalence and validity. PloS One, 7(7) e41280. https://doi.org/10.1371/journal.pone.0041280

Ismael, N., Lawson, L. M. & Hartwell, J. (2018): Relationship Between Sensory Processing and Participation in Daily Occupations for Children With Autism Spectrum Disorder: A Systematic Review of Studies That Used Dunn's Sensory Processing Framework. Am J Occup Ther; 72(3). doi: 10.5014/ajot.2018.024075

Janert, S. (2020): Autistischen Kindern Brücken bauen. Ein Elternratgeber. 4. Aufl. Reinhardt, München

Janetzke, H. (1991): Leitlinien therapeutischer Arbeit. In Tagungsbericht der 7. Bundestagung Düsseldorf 1991. Autismus Deutschland, 50–65

Kamp-Becker, I. & Bölte, S. (2021): Autismus. 3., vollständig überarbeitete Auflage. Ernst Reinhardt Verlag, München

Kanne, S. M. & Mazurek, M. O. (2011): Aggression in Children and Adolescents with ASD: Prevalence and Risk Factors. J Autism Dev Disord, 41, 926–937

Kanner, L. (1943): Autistic disturbances of affective contakt. Nervous Child 2, 217–250

Kärnbach, J. (2021): Die 8 wichtigsten Beobachtungsbögen für den inklusiven Unterricht. Verlag PRO Schule, Bonn

Klemm, K. (2022): Inklusion in Deutschlands Schulen: Eine bildungsstatistische Momentaufnahme 2020/21. Bertelsmann, Gütersloh

Klin, A., Pauls, D., Schultz, R. & Volkmar, F. (2005): Three diagnostic approaches to Asperger syndrome; implications for research. J Autism Dev Disord 35, 221–234

Kluth, P. (2003): »You're Going to Love This Kid!«. Brookes, Baltimore

KMK (2000): Empfehlungen zu Erziehung und Unterricht von Kindern und Jugendlichen mit autistischem Verhalten. Beschluss der Kultusministerkonferenz vom 16.06.2000. https://www.kmk.org/fileadmin/veroeffentlichungen_beschluesse/2000/2000_06_16-Empfehlung-autistisches-Verhalten.pdf (Abruf: 29.12.2022)

KMK (2011): Inklusive Bildung von Kindern und Jugendlichen mit Behinderungen in Schulen. Beschluss der Bundesministerkonferenz vom 20.10.2011. https://www.kmk.org/fileadmin/veroeffentlichungen_beschluesse/2011/2011_10_20-Inklusive-Bildung.pdf (Abruf: 29.12.2022)

Knorr, P. (2012): »Ich verstehe sie falsch und sie verstehen mich falsch«. Die schulische Situation von Kindern und Jugendlichen mit Autismus-Spektrum-Störungen und hoher intellektueller Begabung – Eine explorative Mixed-Method-Studie. https://rosdok.uni-rostock.de/file/rosdok_disshab_0000001065/rosdok_derivate_0000005178/Dissertation_Knorr_2013.pdf (Abruf: 30.12.2022)

Kohler, K. & Saß, H. (1984): Diagnostisches und Statistisches Manual Psychischer Störungen DSM-III. Hogrefe, Weinheim, Basel

Kostiukow, A., Strzelecki, W., Poniewierski, P. et al. (2019): The estimation of the functioning of families with ASD children. AIMS Public Health 6(4), 587–599

Kuschner, E. S., Bennetto, L. & Yost, K. (2007): Patterns of Nonverbal Cognitive Functioning in Young Children with Autism Spectrum Disorders. Journal of Autism and Developmental Disorders, 37, 795–807. http://dx.doi.org/10.1007/s10803-006-0209-8

Lamaye, S. (2020): Systemische Aspekte in der Frühtherapie von Kindern mit Autismus. In: Döringer, I. & Rittmann, B. (Hrsg.): Autismus. Frühe Diagnose, Beratung und Therapie. Das Praxisbuch. Kohlhammer, Stuttgart, 82–87

Lai. M.-C., Kassee, C., Besney, R., Bonato, S., Hull, L., Mandy, W., Szatmari, P. & Ameis, S. H. (2019): Prevalence of co-occurring mental health diagnoses in the autism population: a systematic review and meta-analysis. Lancet Psychiatry. 6(10), 819–829. doi: 10.1016/S2215-0366(19)30289-5

Lai, M.-C., Lombardo, M. V. & Baron-Cohen, S. (2014): Autism. The Lancet, 383, 896–910. https://doi.org/10.1016/S0140-6736(13)61539-1

Lindmeier, C., Lindmeier, B. & Langenhoff, J. (2024): Schulassistenz bei Autismus. Kohlhammer, Stuttgart

Lovaas, O. I., Koegel, R., Simmon, J. & Stevens Long, J. (1973): Some generalization and follow-up measures on autistic children in behavior therapy. J App Beh Anal 6, 131–166

Lovaas, O. I. (2003): Teaching individuals with developmental delays: basic intervention techniques. PRO-ED, Austin, TX

Mascaro, J. S., Rilling, J. K., Tenzin Negi, L. & Raison, C. L. (2013): Compassion-meditation enhances empathic acuracy and related neural activity. Social Cognitive and Affektive Neuroscience, 8(1), 48–55

Mattila, M.-L., Kielinen, M, Linna, S.-L., Jussila, K, Ebeling, H., Bloigu, R. et al. (2011): Autism spectrum disorders according to DSM-IV-TR and comparison with DSM-5 draft criteria: an epidemiological study. Journal of the American Academy of Child and Adolescent Psychiazry, 50(6), 583–592

Melchers, M. & Melchers, P. (2015): Kaufmann-Assessment Bettery for Children – II K-ABC-II. Deutsche Version. Pearson, Frankfurt a.M.

Mesibov, G. B. (1997): Formal and informal measures of the effectivness of the TEACCH programme. Autism 1, 25–35

Mesibov, G. B., Shea, V. & Schopler, E. (2004): The TEACCH approach to Autism Spectrum Disorders. Springer, New York

Murthi, K., Chen, Y.-L., Shore, S. & Patten, K. (2023): Strengths-based practice to enhance mental health for autistic people: A scoping review. The American Journal of Occupational Therapy 77(2)

Nader, A. M., Jelenic, P. & Soulières, I. (2015): Discrepancy between WISC-III and WISC-IV Cognitive Profile in Autism Spectrum: What Does It Reveal about Autistic Cognition? PLoS One. 2015 Dec 16;10(12):e0144645. doi: 10.1371/journal.pone.0144645

Nashef, A. (2009): Die Mifne-Methode: Ein Wendepunkt in der Diagnostik und Behandlung von Kommunikationsstörungen im Kleinkindalter. Autismus-Zeitschrift 68/09, Hamburg, 2–7

Nashef, A. (2015): Multifamilientherapie für Asperger-Betroffene und deren Familien. Zeitschrift für systemische Therapie und Beratung. 2/2015, 77–84

Nashef, A. (2019): Spezifische Beziehungsmerkmale als Wirkfaktoren in der Autismustherapie. psychopraxis. Neuropraxis, Band 22, Heft 5, 228–332

Nashef, A. (2023): Wirkt Multifamilientherapie bei Kindern und Jugendlichen mit Autismus und deren Familien? Kontext 54, 4, 363–379

Nashef, A. & Mohr, L. (2017): Kinder und Jugendliche mit einer Autismusspektrumstörung. In: Asen, E. & Scholz, M. (Hrsg.): Handbuch der Multifamilientherapie. Carl-Auer, Heidelberg, 105–115

Nimar, S. & Alonim, A. H. (2006): The Mifne Model of Autism treatment: Using Early Intensive and Sequential Multidisciplinary Intervention. The Israel Journal of Family Practice, 16(132), 49–54

Nolan, C., Doyle, J. K., Lewis, K. & Treanor, D. (2023): Disabled Students' perception of the sensory aspects of the learning and social environments within one Higher Education Institution. British Journal of Occupational Therapy, 86(5), 367–375. doi:10.1177/03080226221126895

Noterdaeme, M., Ullrich, K. & Enders, A. (Hrsg.) (2017): Autismus-Spektrum-Störungen (ASS): Ein integratives Lehrbuch für die Praxis. 2., überarb. und erw. Aufl. Kohlhammer, Stuttgart

Paschke-Müller, M. S., Biscaldi, M., Rauh, R., Fleischhaker, Ch. & Schulz, E. (2013): TOMTASS – Theory-of-Mind-Training bei Autismusspektrumstörungen. Freiburger Therapiemanual für Kinder und Jugendliche. Springer, Heidelberg

Petermann, F. & Petermann, U. (Hrsg.) (2011): Wechsler Intelligence Scale for Children – Fourth Edition (WISC-IV). Hogrefe, Göttingen

Poser-Radeke, C. (2011): »Der tickt nicht richtig!« Mit Grundschülern über Autismus reden – Ein Bericht aus der Berliner Beratungspraxis. In: autismus Deutschland e. V. (Hrsg.): Inklusion von Menschen mit Autismus, 374–390

Preißmann, Ch. (2018): Psychotherapie und Beratung bei Menschen mit Asperger-Syndrom: Konzepte für eine erfolgreiche Behandlung aus Betroffenen- und Therapeutensicht. Kohlhammer, Stuttgart

Remschmidt, H., Schmidt, M. & Klicpera, Chr. (Hrsg.) (1977): Multiaxiales Klassifikationsschema für psychiatrische Erkrankungen im Kindes- und Jugendalter nach Rutter, Shaffer und Sturge. ICD-9, 1. Aufl. Bern, Stuttgart, Wien

Remschmidt, H., Schmidt, M. & Poustka, F. (2006): Multiaxiales Klassifikationsschema für psychische Störungen des Kindes- und Jugendalters nach ICD-10 der WHO. 5. Aufl. Huber, Bern

Risch, N., Hoffmann, T. J., Anderson, M., Croen, L. A., Grether, J. K. & Windham, G. C. (2014): Familial recurrence of autism spectrum disorder: evaluating genetic and enviromental contributions. American Journal of Psychiatry, 171(11), 1206–1213

Rittmann, B. (2017): Die Bedeutung verhaltenstherapeutischer Förderung in Autismus-Therapiezentren. In: Rittmann, B. & Rickert-Bolg, W. (Hrsg.): Autismus-Therapie in der Praxis: Methoden, Vorgehensweisen, Falldarstellungen. Kohlhammer, Stuttgart, 58–70

Rittmann, B. & Rickert-Bolg, W. (Hrsg.) (2017): Autismus-Therapie in der Praxis: Methoden, Vorgehensweisen, Falldarstellungen. Kohlhammer, Stuttgart

Robert Bosch Stiftung (2023): Das Deutsche Schulbarometer: Aktuelle Herausforderungen aus Sicht der Lehrkräfte. Ergebnisse einer Befragung von Lehrkräften allgemein- und berufsbildender Schulen. Robert Bosch Stiftung, Stuttgart

Rödler, P. (2019): Bindung und Autismus – eine Kontraindikation? Zeitschrift für Heilpädagogik 70. 360–374

Rogers, S. J. & Dawson, G. (2014): Frühintervention für Kinder mit Autismus. Das Early Start Denver Model. Deutschsprachige Ausgabe herausgegeben von D. Holzinger. Huber, Bern

Sandin, S., Lichtenstein, P., Kuja-Halkola, R., Larsson, H., Hultman, Ch., M. & Reichenberg, A. (2012): The Familial Risk of Autism. JAMA 311 (17), 1770

Sappok, T., Zepperitz, S., Barrett, B. F. & Došen, A. (2018): SEED: Skala der Emotionalen Entwicklung – Diagnostik. Ein Instrument zur Feststellung des emotionalen Entwicklungsstandes bei Personen mit intellektueller Entwicklungsstörung. Hogrefe, Bern

Saß, H., Wittchen, H.-U. & Zaudig, M. (1996): Diagnostisches und Statistisches Manual psychischer Störungen DSM-IV. Übersetzt nach der vierten Auflage des Diagnostic and Statistical Manual of Mental Disorders der American PSychiatric Association. Göttingen, Bern, Toronto, Seattle

Schirmer, B. (2019): Nur dabei zu sein reicht nicht: Lernen im inklusiven schulischen Setting. Kohlhammer, Stuttgart

Schwarz, K. (2020): Autismusbilder: Zur Geschichte der Autismusforschung. Beltz Juventa, Weinheim

Sheffer, E. (2018): Aspergers Kinder – Die Geburt des Autismus im Dritten Reich. Campus, Frankfurt a. M.

Simonoff, E., Pickles, A., Charman, T., Chandler, S., Loucas, T. & Baird, G. (2008): Psychiatric disorders in children with autism spectrum disorders: Prevalence, comorbidity, and associated factors in a population-derived sample. Journal of the American Academy of Child and Adolescent Psychiatry, 47, 921–929

Solomon, A. & Chung, B. (2012): Understanding autism: How family thirapists can support patients of children with autism spectrum disorders. Family Prosess 51(2), 250–264

Spek, A. (2022): Achtsamkeit für Menschen mit Autismus: Ein Ratgeber für Erwachsene mit ASS und deren Betreuerinnen und Betreuer. Hogrefe, Göttingen

Ssucharewa, G. (1926): Die schizoiden Psychopathien im Kindesalter. Monatsschrift für Psychiatrie und Neurologie 60, 235–261

Stark, Robin. (2017): Probleme evidenzbasierter bzw. -orientierter pädagogischer Praxis. Zeitschrift für Pädagogische Psychologie 31 (2), 99–110. doi: 10.1024/1010-0652/a000201

Steinmetz, S., Wrase, M., Helbig, M. & Döttinger, I. (2021): Die Umsetzung schulischer Inklusion nach der UN-Behindertenrechtskonvention in den deutschen Bundesländern. Nomos, Baden-Baden

Stucki, E. & Eckert, A. (2023): Lernende im Autismus-Spektrum in der Sekundarstufe II. Transfer. Berufsbildung in Forschung und Praxis 8 (13)

Szatmari, P., Bremner, R. & Nagy, J. (1989): Asperger's syndrome: a review of clinical features. Can J Psychiatry 47, 37–44

Tellegen, P., Laros, J. & Petermann, F. (2012): Snijders-Oomen Non-verbaler Intelligenztest (SON-R-6–40). Hogrefe, Göttingen

Tellegen, P., Laros, J. & Petermann, F. (2018): Snijders-Oomen Non-verbaler Intelligenztest (SON-R-2–8). Hogrefe, Göttingen

Teriete, M. (2020): Systemische Beratung bei Autismus. Ressourcen aktivieren, Lösungen finden, einfach helfen. Kohlhammer, Stuttgart

Teufel, K., Wilker, Ch., Valerian, J. & Freitag, Ch. M. (2017): A-FFIP – Autismusspezifische Therapie im Vorschulalter. Springer, Berlin

Theunissen, G. & Sagrauske, M. (2019): Pädagogik bei Autismus. Eine Einführung. Kohlhammer, Stuttgart

Trost, R. (2012): Ein Konzept zur schulischen Förderung von Kindern und Jugendlichen aus dem autistischen Spektrum. Ergebnisse des Forschungsprojektes »Hilfen für Menschen mit autistischem Verhalten«. In: Sautter, H., Schwarz, K. & Trost, R. (Hrsg.): Kinder und Jugendliche mit Autismus-Spektrum-Störung. Neue Wege durch die Schule. Kohlhammer, Stuttgart, 119–154

Tröster, H. & Lange, S. (2019): Eltern von Kindern mit Autismus-Spektrum-Störungen. Anforderungen, Belastungen und Ressourcen. Springer, Wiesbaden

Tucha, O. & Lange, K. (2004): Turm von London – Deutsche Version (TL-D). Hogrefe Testzentrale, Göttingen

Tuckermann, A., Häußler, A. & Lausmann, E. (2014): Herausforderung Regelschule: Unterstützung für Schüler mit Autismus-Spektrum-Störungen im zielgleichen Unterricht. 2. Aufl. Borgmann, Dortmund

Weishaupt, E., Krebber, T, Strelow, B. & Zwingmann, C. (2019): Belastungsempfinden von Eltern eines Kindes mit einer Autismus-Spektrum-Störung. Autismus 88, 6–12

Wilkes, Th. & Stark, R. (2022): Probleme evidenzorientierter Unterrichtspraxis: Anregungen und Lösungsvorschläge. Unterrichtswiss 51. https://doi.org/10.1007/s42010-022-00150-1

Wing, L. (1981): Asperger's syndrome: A clinical account. Psychological Medicine, 11, 115–129

Wing, L. & Gould, J. (1979): Severe Impairments of social Interaction and associated Abnormalities in Children: Epidemiology and Classification. Journal of Autismus and Developmental Disorders 9, 11–29

Witkin H. A., Oltman P. K., Raskin E. & Karp S. A. (1971): A manual for the embedded figures tests. Palo Alto, Consulting Psychologists Press

Wittchen, H.-U., Saß, H., Zaudig, M. & Koehler, K. (1989): Diagnostisches und Statistisches Manual Psychischer Störungen DSM-III-R. 2., korr. Aufl. Weinheim, Basel

Wolff, J. (2021): Paula geht neue Wege. Begabungsförderung durch Inklusion. Bildungspezial 2/2021, 14–17

World Health Organization (1992): The ICD-10 classification of mental and behavioural disorders: clinical descriptions and diagnostic guidelines. WHO, Geneva

World Health Organization (2021, Mai): ICD-11 for mortality and morbidity statistics. https://icd.who.int/browse11/l-m/en

Xue, M., Brimacombe, M., Chaaban, J., Zimmermann-Bier, B.& Wagner, G. (2008): Autism spectrum disorders. J Neurol, 23, 6–12

Zeidan, J., Fombonne, E., Scorah, J., Ibrahim, A., Durkin, M. S., Saxena, S., Yusuf, A., Shih, A. & Elsabbagh, M. (2022): Global prevalence of autism: A systematic review update. Autism Res. 2022 May;15(5): 778–790. doi: 10.1002/aur.2696. Epub 2022 Mar 3. PMID: 35238171; PMC